KB095730

내가 백년식당에서 배운 것들

• **일러두기**

1. 이 책은 저자가 2012년부터 취재해 2014년 출간한《백년식당》의 원고를 토대로, 네 곳은 제하고 여섯 곳의 노포를 새로이 취재하여 재단장한 책입니다.

2. 노포의 창업주와 현재 식당을 운영하는 인터뷰이들의 생생한 입말을 살리기 위해 방언, 관용적으로 굳어진 표현 등은 맞춤법과 다르더라도 그대로 실은 경우가 있습니다.

3. 이 책은 인터뷰이의 기억과 증언을 기반으로 하고 있어, 연도나 지명 등의 사실에 오차가 있을 수 있습니다. 사실 관계를 확인하여 정정이 필요한 경우 다음 쇄에 반영하도록 하겠습니다.

내가 백년식당에서 배운 것들

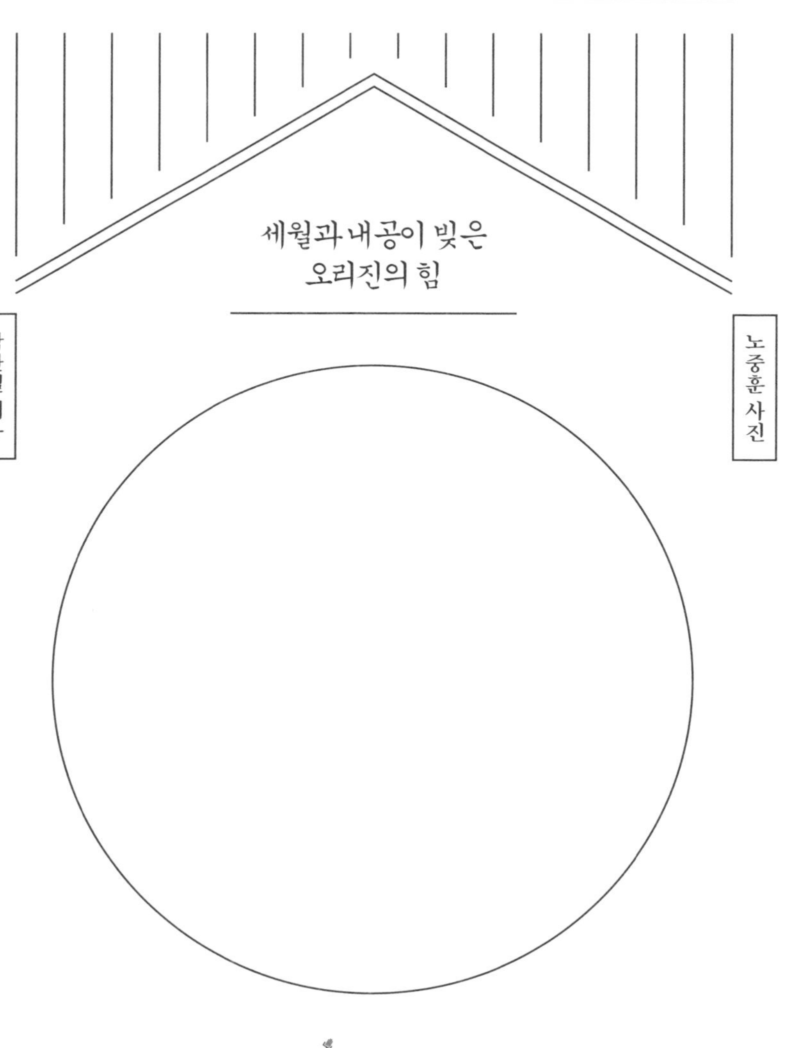

세월과 내공이 빚은
오리진의 힘

박찬일 지음

노중훈 사진

INFLUENTIAL
인플루엔셜

차례

1부. 단순한 원칙을 변함없이 지킨다
오래된 식당에서 배우는 업의 본질

2부. 결국 사람의 일, 신뢰가 기본이다
오래된 식당을 지탱하는 관계의 힘

3부. 맛에 대한 집념이 최고를 만든다

오래된 식당을 만드는 궁극의 솜씨

다시 펴내며

처음《백년식당》이 나올 무렵, 출간 인터뷰를 여러 번 했는데 첫 번째 질문은 대개 이랬다.

"그런데 노포(老鋪)가 뭡니까?"

노포부터 설명하면서 인터뷰가 시작됐다. 그것이 그저 오래되어서 골동이 아니라 가치 있는 문화적 유산이라는 나의 주장을 기자들이 잘 알아듣는 눈치도 아니었다. 세월이 많이 흘렀다. 한국에서 10년은 아주 긴 시간이다. 이제는 노포 전문 블로거도 이름을 얻고 유튜버도 '구독자'가 많은 인기인이 됐다. 새로 생기는 '힙'한 식당은 레트로라는 이름으로 노포의 분위기를 따와서 만들어지곤 한다. 한때는 식당 동네에 원조가 득세했다.

이제 노포가 그 자리를 물려받았다. 물론 원조는 동시에 노포이겠지만. 정말로 노포라는 말이 흔해졌다. 초판이 나온 시기에는 노포 축에 들지 않을 가게들이 이제는 연력이 붙었다. 30년 정도는 어색했는데, 그 식당들이 40년 차가 넘으니 자연스레 노포가 되었다.

전체적으로 우리 요식업에서 노포의 비중이 더 늘어야 한다는 내 생각에 점차 맞아 들어간달까. 인구 비중 등등 통계적 분포를 말할 때 흔히 항아리형이 안정적이라는 분석이 뒤따른다. 식당도 그런 면이 있다. 오래된 식당부터 새로운 식당까지, 물론 적당한 역사의 중간층이 든든히 자리 잡는 그런 그래프가 좋다. 식당은 산업이면서 동시에 문화이기 때문이다. 산업적으로 식당이 오래 버틸 수 있다는 건 그만큼 그 사회가 경제적 안정감이 있다는 뜻으로 봐도 된다. 물론 문화적으로 노포는 그저 식당이며 가게가 아니라 그 사회와 시민의 인적 연혁이 누적되어 나타나는 것이므로, 그 존재감은 단순히 식당 숫자에 그치지 않는다. 우리는 왜 '영화배우 신성일이 엄앵란과 데이트한 불고깃집'이라는 기억을 세습하지 못하는가. '소설가 김훈이 기자 시절 마감하고 해장국을 먹던 집'을 공유하지 못하는가. 아니, 우리 아버지가 다니던 식당과 뒷골목 술집이 어디인지조차 알지 못하는가.

노포 유행이라고 부를 수 있는, 시중의 관심이 높아진 건 다행스러운 일이다. 식당 일이 물려주고 싶지 않은 괴로운 일인 것만은 아니라는 주인들의 인식이 생겨났다. 그전에는 오래된 식당들이 어느 날 갑자기 문을 닫는 일이 많았다. 물려주고 싶지도, 물려받을 사람도 없었기 때문이다. 이제는 2세, 3세들이 자발적으로 가게에 나와 대를 잇거나 이을 예정이다. 물론 사업적 전망, 대중적 위상이 높아진 것이 이유일 텐데, 비로소 노포의 가치를 사회가 알아보기 시작했다고 정리할 수도 있겠다.

미디어도 노포를 조명하기 시작했다. 실제로 을지로, 세운 지구 재개발과 관련해서 연일 미디어에서 뉴스가 나왔다. 재개발 사업은 매우 복잡한 의미를 띠고 있는 것인데, 뉴스의 주제가 '노포가 사라질 위기'라는 쪽으로 압축되는 분위기였다. 그 자리에 오래된 냉면집 을지면옥이 있기 때문이었다. 어쨌든 신기한 경험이었다.

이번에 새로 단장을 하면서 단순히 개고 정도에 그치지 않고, 새로 몇 곳의 식당을 더 넣었다.◆ 그동안 취재하고 싶었는데 작업이 되지 않았던 곳이 많았다. 이번 기회에 챙겨보았다. 요새 유행하는 '냉삼'의 원조 격인 을지로의 식당, 무교동이 제일 잘나

◆ 총 여섯 곳을 새롭게 취재하여 추가했다. 이북만두, 문경등심, 무교동북어국집, 함흥냉면옥, 삼수정, 일본의 원조평양냉면옥이 그것이다.

가던 유흥가일 때 새벽의 쓰린 속을 달래주던 북엇국집, 이북식 김치말이밥과 만두를 파는 집, 제주 흑돼지 고기의 판매 역사를 알게 된 집, 우리나라에서 가장 오래된 함흥냉면집과 멀리 일본 고베에서 평양식 냉면으로 동포들의 눈물을 닦아주던 노포 등이 추가됐다.

특별히 여러 건의 섭외를 자기 일처럼 해준 친구 김승철(무교동 노포 부민옥의 사장이기도 한 그는 취재를 하면서 친구가 됐다)과 제주의 요리사 친구 양용진, 고베 냉면집 취재를 함께 도와준 후배 김현기, 속초의 맛을 알려준 친구 엄경선과 오성택에게도 깊이 감사를 전한다. 그 외에도 섭외에 애써주신 여러 분, 첫 출간을 위한 모임을 함께 시작하면서 얼떨결에 노포 전담 기획자가 되어버린 박혜신 실장, 여전히 노포 전문 사진가로서 늘 함께 다닌 후배 노중훈 등에게 특별한 감사를 전한다.

2021년 새해의 문턱에서

박찬일

프롤로그

우리는 왜 노포를 찾아 나섰나

우리나라는 식당 수가 많기로 세계에서 일등을 다툰다. 그 때문인지 '식당이나 해볼까' 하는 말을 흔하게 한다. '~이나'라는 말에는 식당업을 바라보는 우리의 시선이 함축되어 있다. 음식 솜씨가 좀 있으면 주위에서 식당 해보라는 말을 농반진반으로 한다. 또 실제로 그렇게 열기도 한다. 그리고 얼마 지나지 않아 문을 닫는다. 그러고는 음식은 맛있는데 경영에 어두웠다고 진단한다. 나는 아니라고 생각한다. 안 되는 식당은 음식이 맛없기 때문이다. 경영 못한 것은 창피한 일이 아니지만, 음식 맛이 없었다는 평가는 죽어도 싫어한다. 불행히도 그것은 사실이 아닐 가능성이 높다. 맛있는 식당은 안 망한다. 욕쟁이 할머니 식당이 살아남는 이유다. 손님에게 욕하고 불친절해도 맛있으면 잘된다. 물론 나는 욕쟁이 할머니 식당은 좋아하지 않는다.

맛있어서 오래된 식당, 그것을 우리는 노포라고 부른다. 그야말로 세계에서 식당 제일 많고 그만큼 제일 잘 망하고 그만큼 맛없는 식당이 많은 대한민국에서 수십 년을 버틴 식당이다. 그 세월만으로도 가치가 있다. 역사 있는 나라 중에서 우리나라처럼 식당의 역사가 짧은 나라도 없다. 전체 식당의 평균 연령이 젊기로도 세계에서 또 일등일 것이다. 수도권 인구가 2,500만 명인데, 식당 수는 30만여 개다(2020년 초 기준). 매일 망하고 매일 새로 생긴다.

그런 나라이니 노포는 희귀하다. 30년만 되어도 노포 축에 든다. 물론 우리 책에는 50년은 넘나드는 집들을 골랐다. 백년식당이라. 최근에 나라와 언론에서 오래된 식당에 관심을 갖기 시작했다. 그 리스트가 언론에 공개되었는데, 당연히 100년 된 식당은 거의 없다. 노포를 백년식당이라고 하면서, 정작 진짜 100년을 채운 집은 거의 없는 것이다. 서울이 도시가 된 지는 600년이 넘었다(근대적 도시 개념 얘기는 여기서 빼자). 그런데 오래된 식당 중에 100년 넘은 것이 딱 하나다. 50년 넘은 식당도 손으로 꼽는다. 서울 거리를 걷다 보면 'since 1997' 뭐 이런 간판도 있다. 20년 조금 넘었는데 노포급이 될 수 있다. 아니, 실제 그 정도면 노포니까 노포 행세를 하는 것이다. 그런 나라에서 노포를 찾는 일은 무망한 일일 수도 있다. 그래도 그 식당들을 찾아다녔다.

노포에서는 어떤 공통점이 보였다. 첫째, 맛있다. 서두에서 썼듯이 맛이 없는데 살아남은 집은 없다.

둘째, 주인이 직접 일한다. 서울 중구 서소문동에 있는 전설적인 설렁탕집 잼배옥의 3대 계승자는 지금도 아버지가 밤에 귀가할 때 몸에서 설렁탕 냄새가 났던 것을 기억하고 있다. 그 아버지(김현민 씨)는 필자에게 "이 일이 너무 힘들어서 아들 대에 넘겨주지 않고 가게를 접으려 했다"라고 말했다. 아들은 직접 부엌에 들어가서 기술자가 되어 가게를 인수했다. 엄청난 양의 뼈와 고기가 든 탕 기물을 옮기고 들면서 '테니스 엘보'라는 병에 걸리기도 했다. 그는 가업을 이을 자격이 있고, 이렇게 잼배옥은 살아남을 것이다. 서서 먹는 식당으로 국내 유일하다 할 서울 노고산동 '연남서서갈비'의 주인장도 팔순을 바라보는 나이에 새벽같이 나가서 갈비를 손질한다. 1년 360일을 일하는 주인도 많다. 직원은 돌아가며 쉬어도 주인은 뼈가 부서져라 일한다. 제주의 순댓집 광명식당 진순복 여사, 부산 할매국밥 김영희 여사 등이 그런 인물이다.

셋째, 직원들이 오래 일한다. 이것은 필요조건이라기보다 결과적인 면이다. 식당이 오래 살아남았다는 것은 내용이 있다는 것이고, 직원들과 좋은 관계를 유지하고 있다는 뜻이다. 한마디로 '사람대우'를 해주니까 오래 다니는 것이다. 서울의 북한 음식점 우래옥의 김지억 전무는 60년 가까이 근속했다. 이 집 사정을 잘 모르는 객들은 그가 주인인 줄 안다. 팔순 넘은 노인이 지팡이 짚고 늘 홀에 있으니, 사장이 아니고서는 설명이 안 되는 것이다. 그를 그토록 오래 고용한 주인이나, 한 직장을 60년 가까이 다닌 김 전무나 정말 대단한 분들이다. 이 지면을 빌려 깊은 존경을 바친다. 고용을 관장하는 노동부는 이런 분들을 표창하지 않고 뭐하는지 모르겠다.

대개의 노포가 깨끗한 편인데, 특별히 몇 곳은 그중에서도 각별하다. 대구의 추어탕집 상주식당에는 주인 차상남 여사의 야무진 손길이 그대로 배어 있다. 반들반들한 집 구석구석을 구경하는 것만으로 밥값을 하고도 남는다. 같은 대구의 육개장집 옛집식당도 소박하면서도 깨끗한 맛이 있다.

서울에서 나고 자란 필자의 삶은 대한민국 외식업 성장사와 궤를 같이한다. 어려서 서울의 중요한 한식집들을 다녔다. 졸업이나 입학의 가족 회식은 그런 곳에서 했다. 다시 말해서 중요한 가족사가 아니면 외식은 드물었다. 동네에서 짜장면 먹는 일이 고작이었다. 취직할 무렵, 우리나라 외식업의 빅뱅이 일어났다. 88올림픽과 그 뒤를 이은 고도성장 시대였다. 간판만 달면 사람들이 '미친 듯이' 몰려와서 술과 밥을 먹었다. 어지간하면 식당과 술집은 돈을 벌었다. 호경기와 거품 경기였다.

이 무렵, 삼겹살과 생등심이 직장인 회식의 필수 아이템이 됐다. 불고기가 저물고 돈가스가 떴다. 한동안 맥을 못 추던 생맥주가 '호프'라는 이름을 달고 직장인들이 퇴근 후 거쳐 가는 술집이 됐다. 중국집은 대개 배달점으로 바뀌고, 화교들이 운영하던 고급 중화요릿집들은 사양길로 접어들었다. 정치적 격변 못지않게 사회사의 대격변기였다. 사람은 먹어야 살고, 먹는 식당에 그 변화하는 시대가 담겼다. 다시다와 미원, 식권, 회식, 가든, 맛집이라는 용어가 대중화됐다. 신문에서 맛집을 소개하는 코너가 생기고, 결국 거의 사라졌다(맛을 모르는 초보 기자들이 주로 이 코너를 맡았다). 방송에서도 식당 소개 프로그램을 만들어 대박을 터뜨렸다. 대박이라는 말은 영화 같은 흥행계에서 쓰기 시작해 차츰 외식업의 '전문용어'가 됐다. 음식이 돈이 되는 시절이 도래했다. 누구나 '아이템' 하나 잘 잡으면 떼돈을 벌 수 있는 시장이 만들어졌다. '마약'이라는 이름이 붙은 음식이 등장하고, 인터넷은 새로운 외식 환경을 만들어갔다. 그 시기를 필자는 관통하면서 살아왔고, 요리사로 그 한복판에서 싸웠다. 그 지난한 '영광의 시대'를 평가하고 기록하는 일은 다른 전문가들의 몫이다.

필자는 전국의 노포를 취재해 이렇게 책으로 묶었다. 역부족인 일이었다. 그저 노포의 주인들이 시간의 뒷길로 사라지기 전에 만나 뵙고 인터뷰할 수 있었던 것으로 감사한다. 책에 등장한 그분들에게 깊은 감사를 드린다. 부디 대를 이어 번성하고, 건강

하시기를 빈다.◆

2014년 가을 박찬일

◆ 이 프롤로그 역시 2021년 출간 시기에 맞춰 일부 고쳐 썼다. 해당 식당의 사정도 많이, 또는 조금 달라진 곳이 있다. 가격도 대개 조금 올랐기에 수정했다. 시간이 흘러, 나도 공부가 더 되어서 그 성과를 보태기도 했다.

1부

단순한 원칙을 변함없이 지킨다

오래된 식당에서 배우는 업의 본질

노포는 단순한 원칙을 오래도록 지킨 곳이다. 재료 준비부터 요리법까지 느슨해지는 일 없이 전래의 기법대로 일품의 맛을 내고, 운영 방식도 철저히 지킨다. 음식점 절반 이상이 3년 이내에 문을 닫는 작금의 상황에서 우리는 노포를 통해 위기에도 흔들리지 않는 경영의 지혜를 배울 수 있지 않을까. 마케팅, 브랜딩, 트렌드 같은 경영 이론 너머 한평생 뚝심과 집념으로 업을 지켜온 전설들의 장사법에 귀 기울여보자.

제주 광명식당

서울 연남서서갈비

서울 이북만두

서울 잼배옥

대구 상주식당

서울 우래옥

부산 할매국밥

욕심은 버리고 변함없는 맛을 내다

• 부산 할매국밥 •

"

뭐 별거 없어예.
똑같이 하는 기제 머.

"

창업 연도 : 1956년

주변에 오직 먹기 위해 부산행 고속 열차를 타는 친구가 있다. 몇 해 전, 나는 호기심에 "도대체 뭘 먹으러 가는데?"라고 물었다.

"대지국밥!"

부산 사투리로 돼지는 약간 '대지'처럼 들린다. 부산 억양으로 읽으면 저 감칠맛 나는 이름. 부산은 바다의 고장. 푸른 파도의 이미지에 드넓은 대지(大地)의 뉘앙스가 더해져서 그런지 갑자기 그 음식이 내 눈앞에서 설설 끓고 있는 것 같았다.

나는 꽤 오래전부터 돼지국밥을 알았다. 취재하러 부산에 가면서 그 맛을 알아버린 것이었다. 특별한 목적 없이, 아니 이미 부산 돼지국밥을 먹어야 한다는 게 특별한 목적으로 충분하다. 나는 툭하면 부산행 기차를 탔다. 기차를 타기 전에 이미 어느새 입 안에 돼지국밥의 충만한 맛이 가득 퍼져나간다.

부산의 돼지국밥, 서울의 순댓국밥

이 글은 본디 꽤 오래전에 썼다. 대략 6~7년 전 무렵인데, 그 당시 서울에서 돼지국밥이 슬슬 선을 보이기 시작했다. 2020년에는 이미 부산의 젊은 사장이 운영하는 회사는 서울에 체인점을 운영하고 있다. 그러나 돼지국밥은 아직 낯설다. 7~8년 전인가,

서울에서 어느 순댓국밥집에 갔더니 '순댓국밥(돼지국밥)'이라고 메뉴에 써놓았다. 아주머니에게 둘의 차이를 묻자, "돼지국밥에는 순대가 안 들어가지" 한다. 그럼 기존에 순대가 안 들어가던 내장국밥과 돼지국밥은 어떤 차이가 있느냐고 물으니 "돼지국밥에는 살코기가 들어가요"라고 대답한다. 딱 정답은 아니지만 돼지국밥의 '캐릭터'를 서울의 순댓국밥집 주인도 어느 정도는 알고 있었다. 그러나 여전히 돼지국밥은 서울에 안착하지 못했다. 서울에는 캐릭터가 강력한 순댓국밥이 있기 때문인 것 같다.

돼지국밥은 순댓국밥과 같으면서도 다른 음식이다. 서울에 돼지국밥을 한다는 집이 여럿 있지만, 나는 여전히 그것이 순댓국밥처럼 느껴져 별 식욕이 일지 않는다. 그저, 돼지국밥의 서정이 생기지 않는다, 이렇게 말할 뿐이다. 굳이 내용을 따지자면, 돼지국밥은 내장을 쓰지 않고, 당면으로 만든 순대를 넣지 않는다. 이 정도가 고작이다(물론 이것도 정답은 아니다). 순 살코기로만 만드는 경우가 많고, 뽀얗게 국물을 내더라도 돼지 부산물이 아니라 반드시 살코기가 들어가는 것 정도가 부산 돼지국밥의 한 스타일을 정의한다. 아니, 이 말도 틀릴 수 있다. 지금도 부산 돼지국밥은 변하고 있으니까.

부산에는 노포가 많은데, 그중 돼지국밥집은 서너 곳을 꼽을 수 있다. 요즘 젊은이들 사이에 인기를 끌면서 줄을 서는 대연동의 쌍둥이국밥은 뽀얀 국물을 자랑한다. 보통 돼지국밥이라고 하면, 이런 스타일이 가장 많다. 쌍둥이국밥처럼 진하지 않더라도 뼛국 물이 들어가는 경우가 흔하다. 그도 그럴 것이 돼지 뼈는 값이 싸고, 특히 머리 부분을 쓰면 고기와 뼈의 국물을 동시에 얻을 수 있기 때문에 가장 많이 볼 수 있는 스타일이다. 서울의 순댓국밥도 이런 방식으로 만든다. 기본적으로, 돼지머리 더하기 돼지 사골이다.

그러나 소곰탕처럼 맑게 끓인 돼지국밥은 부산에서만 볼 수 있는 독창적인 방법이다. 자갈치시장에서 멀지 않은 토성동의 신창국밥(분점이 부산 시내에 산재한다)과 범일동 할매국밥이 그렇다. 필자는 쌍둥이국밥도 좋지만, 이렇게 맑은 스타일이 더 당긴다. 아무래도 서울에서 볼 수 없는 개성과 함께 국물에서 느껴지는 덤덤한 여유가 입맛을 돋우기 때문이다. 두 '맑은 국밥'의 대표 주자들은 개성도 서로 다르다. 1969년 개업한 신창국밥이 좀 더 자극적이고 복합적인 맛이라면 할매국밥은 단정하다. 물론 신창국밥이 맑은 방식이 아니라고 할 수도 있다. 하여튼 복잡하다.

예민한 한국인 입맛에 맞춘 메뉴

처음 할매국밥을 찾아갈 때 부산역에 도착해서 택시 기사에게 주소를 대자 고개를 갸웃거렸다. 국밥집 이름도 몰랐다. “부산에 대지국밥집이 한둘인교.” 전화를 걸었더니 보림극장 가자고 하란다. 그제야 기사가 알아듣는다. “보림극장이라고 하면 다 알아듣지예.”

옛 부산의 신문에서 보림극장을 검색해본다. 한 장의 사진이 등장한다. ‘가수 하춘화 리사이틀!’이라고 크게 간판을 걸어놓은 극장이다. 이른바 우리 세대에 농담으로 회자되던 ‘쇼도 보고 영화도 보고’가 바로 이것이다. 왜 범일동에 ‘쇼도 보고 영화도 보고’가 있었을까. 이 의문은 할매국밥의 전성기와 맞물린다.

부산 범일동 할매국밥은 1956년에 창업하여 부산 지역 국밥집의 맨 앞줄에 있다. 창업자인 고 최순복 할머니의 대를 이어 며느리 김영희 씨가 맡고 있다. 그이도 이미 ‘할머니’이니, 그 깊은 역사를 말해준다고 하겠다.

“지금은 보림극장 아입니더. 마트라예. 그 뒤편으로 오이소.”

과연 극장을 그대로 개조한 마트 옆에 유명한 국밥집이라고 하기에는 너무도 소박한 식당이 나타난다. 그이는 연신 두 개의 커다란 양은솥에서 고기를 삶고 국물을 낸다. 아주 오래전에 나온, 단단해 보이는 솥이다. 김이 무럭무럭 피어오르는 개방형 주방이다. 이른 오전, 동남향 문으로 투명한 햇살이 부엌으로 들어오고 있다. 그이의 얼굴에 사선으로 고운 햇살이 떨어진다. 고단해 보이고, 심각한 표정이다.

"노상 일하는 기 웃을 일이 있겠으예. 국 끓이는 기 항상 그렇지 머."

그러면서 필자를 보고 웃는다. 아침 10시도 안 됐는데 벌써부터 손님들이 들어온다. "수백(수육 백반) 하나, 국밥 하나"를 외친다. 수백은 삶은 고기를 넉넉히 담아내고, 국물을 곁들인다. 수백은 고기를 별도로 접시에 담아낸다. 국밥은 우리가 아는 보통 토렴 국밥이다. 할매국밥의 돼지국밥은 새우젓과 부추가 따로 들어가면서 온도가 또 달라지기 때문에 토렴이 아주 중요하다.

"따로라꼬, 수백은 아이고 그냥 국밥에 드갈 고기만 따로 접시에 담아내는 기도 있지예."

따로는 수백처럼 고기가 많은 건 아니고, 국물에 넣을 고기만 별도로 낸다는 뜻이다. 다른 지역 사람들이 보기엔, 정말 까다롭고 복잡한 메뉴다. 어떤 문화가 발전하면 본디 미묘한 디테일이 생긴다. 그렇게 해석하면 될 것 같다. 메뉴라고는 딱 세 가지다. 하지만 같으면서도 조금씩 다른, 예민하고도 까다로운 한국인의 입맛을 보여준다. 사실 이 세 가지 다른 방식은 우리에겐 큰 의미를 띠겠지만 외국인이 보면 별 차이를 못 느낄 수도 있다. 바로 이런 차이로 음식의 지역성이 확보된다.

극장 전성시대를 함께한 할매국밥

부산의 돼지국밥은 영도 쪽에서 제주도 돼지를 반입하여 해방 전부터 끓여왔던 것이 한 일가를 이루었고, 다른 하나는 이북 피란민들이 전쟁 때 내려와 창업하면서 생겨난 이북식의 두 갈래가 있다는 것이 정석이다(김승일, 〈부산일보〉, 2013. 11. 7.). 할매국밥은 후자에 해당한다. 피란민이던 최 할머니가 생계를 잇기 위해 식당을 차린 게 시초다. 이후 1970년에 현재의 자리인 범일동으로 오면서 할매국밥의 영화가 시작된다.

인터넷에서 할매국밥을 검색하면 전국적으로 수십 개가 뜬다. 할매와 국밥의 이미지가 찰떡궁합이기 때문이다. 보통명사

이므로 누구나 쓸 수 있다. 그래서 이 집의 정식 옥호는 할매국밥이지만, '교통부 원조 할매국밥'이라고 통칭한다. 교통부라니?

"부산이 (전쟁 시기에) 임시 수도 아니었능교. 그때 요 옆에 교통부가 있었다 카데요. 그케가 교통부라고 하면 다 압니다."

교통부는 지금 정부 직제에는 건설교통부를 거쳐 국토교통부라는 이름에 흡수되어 있다. 교통부 말고도 할매국밥 자리를 말해주는 중요한 곳이 또 있다. 바로 앞서 말한 보림극장이다.

"몇 년 전에 극장이 문을 닫아뿟지. 옛날엔 굉장했는데. 하춘화, 나훈아 쇼도 하고. 연예인들이 와서 우리 집에서 식사하고, 대기소로 쓰기도 했어예."

보림극장은 2007년에 문을 닫았다. 우리 극장 흥망사에서 1970년대는 바로 '쇼도 보고 영화도 보고'의 시대였다. 극장은 가수와 코미디언이 공연을 하고, 교대로 영화를 상영하는 식으로 영업하는 경우가 흔했다. 개봉관 외에는 대개 이런 영업 방식을 택했다. 가설 천막 무대보다는 영화관이 공연하기에 좋았고, 방송과 공연장이 거의 없던 당시엔 이런 흥행으로 팬들과 연예인들이 직접 만날 좋은 기회를 만들었다. 영화 〈친구〉에서 학생 단체 관람 장면을 찍은 곳이 바로 인근의 삼일극장이었다. 보림극장은 삼일, 삼성과 함께 범일동 극장 문화를 만들었다. 유명 가수의 리사이틀이 열릴 정도로 전성기를 누렸지만, 1955년 개관한 보림극장은 서서히 사람들의 발길이 끊기면서 2007년에 38

년의 역사를 마감한다. 부산 범일동 할매국밥의 전성기와 일맥상통한 역사를 지닌 곳이다.

이런 문화는 공장 노동자들과 깊은 관련이 있다. 1~2주에 하루를 쉬는 노동자들에게는 사실상 여가 문화가 없었다. 소주나 한잔 마시는 게 고작이었을 때 동시 상영 극장이나 쇼 공연은 좋은 구경거리였다. 그들은 그렇게 피로를 풀면서, 우리 산업의 중추 역할을 했다. 부산이 책임지던 신발 산업은 한때 우리를 먹여 살렸다. 40~50대 사람들이라면 학창 시절에 그토록 신고 싶었던 나이키 운동화가 생각날 것이다. 그 고급 신발이 바로 부산에서 만들어졌다. 그 당시 부산은 세계 신발의 메카였다. 높은 기술력과 안정적인 노동력. 바로 우리 아버지, 형님 세대의 피와 땀이었다. 이들은 극장에서 쇼를 보고, 할매국밥에서 소주 한잔을 기울였다.

이 '쇼도 보고 영화도 보는' 오락거리는 전두환 정권이 앞당긴 컬러텔레비전 시대에 밀려 점차 인기를 잃어갔다. 채널만 돌리면 화려한 쇼가 안방에 전달됐다. 정권은 민심을 무마해야 했다. 그 때문에 프로야구와 축구단을 서둘러 만들고 컬러텔레비전 보급을 독촉했다는 것이 정설이다. 보림극장의 인기가 떨어지고 사람들의 발길도 뜸해졌지만, 할매국밥의 손님들은 여전했다. 삼화고무의 존재는 살아 있었기 때문이다. 1934년 창업한 삼화고무는 1992년 없어질 때까지 우리나라 신발 산업의 태두

였다. 부산의 신발 경기를 지탱하는 회사로, 당연히 수공업이어서 노동자가 많았다. 최대 1만 명이 넘었을 때도 있다고 한다.

"이 뒤로 다 삼화고무 직원들이 살았지예. 동네가 아주 버글버글했어예."

요즘 이 일대는 한산하고 조용하다. 삼화고무 시대가 끝나면서 한갓진 주택가가 되었기 때문이다.

"점심시간에 일반 직원들은 우리 집에 오지 못했어예. 관리자들이나 오고. 차별이 있었다 아입니꺼."

일반 노동자는 점심시간에 공장 밖으로 나와 밥 사 먹는 분위기도 아니었다는 얘기이거나 적어도 당시 임금에 국밥값이 부담스러울 수도 있었다는 말이다. 그들의 고단한 노동을 바탕으로 부산 신발 산업의 붐이 있었다. 물론 대한민국도 그 덕에 먹고살았다.

백년식당을 지키는 뚝심, 옛날 맛과 '똑같이'

할매국밥 맛의 비결은 무엇일까. 도합 네 번을 찾아가 한참 들여다봐도 통 알 수 없다. 그저 두 개의 양은솥(40년 이상 된 고물)에서 고기가 연신 삶아지고 있을 뿐이다. 고기는 새벽 6시에 한 번

들어오고, 오후 2시에 다시 들어온다. 팔리는 양이 많지만, 한꺼번에 고기를 받지 않고 나눠 받는다. 삶을 솥이 모자라기 때문이다. 하루에 50킬로그램 정도를 쓰니 계산해보면 500명분의 국밥을 판다는 얘기다. 말이 500명이지 가게가 끊임없이 오는 손님으로 대여섯 번은 뒤집어진다.

"뭐 비결이라 카는 기 없다 아입니꺼. 글쎄, 다 지켜보셨으니 알아서 써주이소."

비결을 찾자면 몇 가지가 정리된다. 우선 고기가 붉다. 나이가 든 돼지 삼겹살을 쓰니 국물이 잘 나온다. 비계와 고기의 비율이 잘 잡힌 걸 받아다 써야 한다. 어깨 쪽의 앞다릿살과 함께 삼겹살 넣은 국밥이 고작 4,500원(2013년 당시, 지금은 1,000원 올랐다)이다. 게다가 고등학생 이하와 택시 기사는 여기서 다시 500원을 깎아준다. 그게 전부일까. 필자는 김영희 씨의 말에서 맛의 비결에 대한 실마리를 찾을 수 있었다.

"뭐 별거 없어예. 똑같이 하는 기제 머."

똑같이. 일본 교토에 미슐랭 별 세 개짜리 요정이 있다. 요정이라면 보통 유흥 주점을 떠올리지만, 본래는 고급 음식점을 뜻한다. 이 집이 효테이(瓢亭)다. 한데 효테이의 비결이 '똑같이'다. 170년 넘게 15대째 대를 잇고 있는데, 그 집 주인은 이렇게 말한다.

"우리는 어떻게 하면 선대와 똑같은 음식을 여전히 낼 수 있을지 노력하고 고민합니다. 그게 전부입니다."

김 씨는 "어머니에게 배운 그대로 합니더"라고 잘라 말한다. 더도 말고 덜도 말고 그래야 맛이 나기 때문이다. 전통을 지킨다는 말은 추상적이고 선언적이다. 하지만 김 씨는 실제로 맛있기 때문에 전통을 고수한다는 뜻으로 말한다.

"그래야 맛이 나지예. 뭘 더 맛있게 넣어볼까, 이런 생각은 안 합니더. 그라모 손님들이 '옛날 맛'이 아이라꼬 하겠지예. 그지예?"

맛은 절대 가치가 없다. 꿩 잡는 게 매다. 어떤 맛이 인이 박인 채 기억에 저장되면, 사람들은 그 맛을 최고로 친다. 맛은 보수적이다. 각자 어머니 손맛이 전부 최고가 아닐 텐데도 사람들은 어머니의 맛을 찾는다. 익숙한 것에 대한 안심이다. 그런 원리가 할매국밥에도 적용된다. 사람들이 좋아하던 맛을 그대로 유지하는 것, 더 잘하려고 생각하지 않는 것. 그 욕망을 억제하는 것! 김 씨의 말에 그 요체가 들어 있다.

"손님들이 '할매 돌아가셨어도 옛날하고 맛이 똑같네' 하는 말이 제일 듣기 좋지예."

김 씨가 밝히는, 맛있고 잘되는 식당의 비결은 아주 단순하다. 우선은 "보이소. 하루에 두 번씩 고기를 삶아대는데, 맛이 없으모 오히려 이상한 기라" 한다. 집에서 수육을 삶아본 이들이라면 알 것이다. 갓 삶아 촉촉하던 고기도 시간이 흐르면 금세 퍽

퍽해지고 딱딱해진다. 다시 데우거나 더운 김을 쏘여도 고기는 '마른다'. 그것이 과학이다. 그래서 갓 삶은 고기는 당해낼 수가 없다. 바로 이 같은 고기의 회전력이 김 씨 음식 맛의 중요한 비결이다.

⸎ 주인의 인건비는 계산에 넣지 않는다

김 씨는 또 다른 이유로 월세 없는 가게를 꼽는다. 이윤을 줄여 음식의 질에 투자할 수 있다는 말이다. 이는 주인이 더 절제하고 욕심을 버려야 가능한 일이다. 그리고 자신의 '인건비'를 계산하지 않고 일하는 부지런함이 반영되어야 한다. 일하는 사람 덜 쓰는 대신 자신이 더 일하고, 그렇게 생긴 이익을 음식값과 질에 투자한다는 뜻이다. 하기야 월세 없다는 말에는 어폐가 있다. 자기 소유라고 하더라도 임대 줄 때 얻을 수 있는 돈 만큼의 가치를 쓰고 있는 셈이기 때문이다.

김 씨는 새벽 6시면 출근해서 하루 열다섯 시간을 식당에서 일한다. 인터뷰 중에도 한 소쿠리의 마늘을 손질하면서 바삐 대꾸한다. 쉬는 날은 1년에 딱 나흘이다. 설날, 추석 이틀씩이다. 일꾼을 이렇게 부렸다간 아마 모두 그만두었을 것이다.

"식당이 문 닫고 있으모 섭섭해할 낍니더. 식당은 늘 문이 열려 있어야 하는 기 맞지예?"

그이가 웃으며 던지는 말씀에 전율이 온다. 장인(匠人)이라는 말은 자기 일에 대한 최고의 존경과 자부심을 뜻하는데, 김 씨는 한 가지를 더 보탠다. 손님에 대한 끝없는 존중이랄까.

원래 창업주인 최 씨 할머니는 이북에서 피란 내려와 사무원으로 일하다가 돈을 조금 모으자 지금의 범천상가 근처 작은 시장 골목에서 쌀장사를 했다고 한다. 그러다가 이북에서 하던 순대 장사를 해볼 요량으로 돼지머리를 받아서 함께 국밥을 끓였다. 그러니까 할매국밥도 원형은 흔한 돼지머리 국밥이었다. 앞서 밝힌 대로 순 살코기 국밥은 당시 상상도 할 수 없는 사치였다. 이 집의 순대도 아주 맛있고, 원시적인 향을 풍기는 스타일을

보여준다. 이북 순대가 원래 이랬구나 하고 상상할 수 있게 해준다. 돼지 창자에 고기와 피, 부추, 파를 넣고 만든다. 당면은 안 넣는다. 김 씨는 "이북식은 원래 당면 안 넣는 거라고 어머니(최 씨)가 그라데요"라고 증언한다. 확실히 당면은 전후 남한에서 크게 번성한 재료가 맞다. 고기와 부재료의 양을 줄이려고 만두와 순대에 넣기 시작했다는 것이다. 당면 만들고 남은 부스러기가 요긴하게 쓰일 곳을 찾았던 셈이다. 당면은 한국에서 전후에 잡채, 만두, 순대의 재료로 엄청난 히트를 친 재료다. 과거에는 그냥 국수의 일종이었고, 중국에서 왔다고 당면이라 불렀다. 현재 중국에는 당면 요리가 많은데, 당연히 국수의 일종이다.

식당이 잘되려면 여러 가지 요인이 있는데, 관(官)과 관련도 있다. 열심히 지역 활동을 해서 위임장도 여럿 받고, 표창장과 상장도 많이 받는 게 지역 노포들의 특징이다. 동네 터줏대감 유지가 되게 마련이고, 달리 보면 영업에도 좀 도움이 되기 때문이다. 할매국밥은 그런 경우와는 다른데, 관의 열렬한(?) 지원이 있었다. 다름 아니라 손님들 상당수가 관에 몸담은 사람들이었다는 뜻이다. 근처에 있던 철도국과 동부경찰서에서 손님이 많이 찾아주었다. 관은 변수가 없는 손님층을 가지고 있다. 보수적인 직업군이라 충성도도 높다. 또 일정하고 꾸준한 맛과 서비스를 좋아한다. 그런 면에서 할매국밥은 충실했다. 관의 손님들은 전파

력이 강하다. 흔히 지역에 가서 맛집을 찾으려면 군청과 법원의 서기에게 물어보라는 속설이 있다. 그들은 기꺼이 전통 맛집의 선전원이 된다.

할매국밥을 취재하면서 필자에게 나쁜 버릇이 하나 생겼다. 술만 마셨다 하면 오밤중에도 이 집 국밥이 생각나는 것이다. 입에 짝짝 붙는 부드러운 수육, 요란하지 않고 차분하면서도 시원한 국물. 할매국밥을 먹기 위해 곧 다시 기차를 타야 할 것 같다.

상호 할매국밥 **창업 연도** 1956년 **창업주** 최순복 **주소** 부산 동구 중앙대로 533번길 4(범일동 28-5) **문의** 051-646-6295 **대표 메뉴** 따로국밥, 수육, 순대 / 돼지국밥이지만 돼지 특유의 냄새가 나지 않는 국밥을 맛볼 수 있다. 수육은 퍽퍽하지 않고 촉촉하며 야들야들한 식감이 단연 돋보인다. **가격** 5,500~2만 5,000원

58년 근속,
가게의 살아 있는
전설이 되다

• 서울 우래옥 •

"

이렇게

오래 할 줄은 몰랐지.

"

창업 연도 : 1946년

오전 11시 반. 우래옥이 문을 여는 시간이다. 여름뿐 아니라 사계절 내내 그 전에 이미 긴 줄이 선다. 얼른 문을 열라는 재촉도 없이, 남녀노소 손님들이 줄지어 서서 개장을 기다린다. 이 광경에 방점을 찍는 사람이 있다. 1층 홀 앞, 2층으로 올라가는 계단참에 비스듬히 기대선 이가 우래옥의 산증인 김지억 전무다. 연세가 연세인지라 지팡이를 짚어야 하는데, 그 시간만큼은 지팡이 없이 단단하게 서 있다. 손님에 대한 예의 때문이다.

"아무 맛이 없어. 그게 냉면이야."

우래옥에서 60년 가까이 근속한 김 전무는 뜻밖에도 이렇게 입을 열었다. 그에게 냉면의 맛을 단도직입적으로 물었을 때 돌아온 대답이다. 이제 그 맛의 비밀을 찾기 전에 우래옥에 가득 찬 노포의 기운에 빠져보자.

1962년 입사, 우래옥의 산증인

필자는 서울내기여서 어렸을 적에 시내 식당을 간혹 가곤 했다. 그 시절이 1970년대이니 요즘 유행하는 서울의 주요 냉면집들은 개업 전이거나 신생 업소일 때였다. 김 전무의 증언대로 "냉면집이라곤 평래옥과 남대문에 약간 있는" 때였다. 그때 우래옥은 쉬이 갈 수 있는 집이 아니었다. 값이 만만치 않은 데다, 가게 안을 압도하는 이상한 공기랄까, 요즘 말로 오라가 충만했기 때문이었다. 그건 이북 사투리를 쓰는 노인들이 많았던 까닭이다(눈치 있는 이들은 가게 입구에 진열되어 있는 평양고보 교지를 볼 수 있을 것이다). 주로 남자들이었는데, 이른바 실향민들이었다. 얼핏 들으면 싸우는 것 같은, 투박한 악센트의 소리가 울리는 그 홀의 오랜 기억이 되살아난다.

이상하게도 어린 나는 우래옥의 냉면이 좋았다. 달지 않고 무덤덤한 맛이 아이가 좋아하기 어려울 텐데도. 모르겠다. 어쩌면 가공된 기억일 수도 있다. 청년 이후의 기억을 소년기로 확장시키고 있는지도. 후루룩, 면을 삼키고 식초와 겨자를 탄 육수가 입에 맞았다(고 생각한다). 아버지는 면을 묵묵히 드시다가 소주를 곁들였다. 아버지가 냉면 그릇에 남은 삶은 달걀 반쪽과 함께 소주를 털어 넣으시던 모습이 기억에 생생하다. 지금 우래옥은 삶은 달걀을 주지 않는다. 그런데도 내 기억에는 그리 남아 있다. 실제로 주었는지는 확실치 않다. 다른 냉면집의 기억이 혼동되었을 수도 있다. 그렇게 오래전의 우래옥이 그 동네, 중구 주교동에 아직 건재하다.

1933년생인 김 전무는 우래옥엔 1962년에 입사했다.

"화폐개혁이 1962년 5월 9일이지, 아마. 그해에 들어왔으니 오래됐어. 조달청에 다니다가 창업주가 들어오라 해서 이 일을 시작한 거야. 이렇게 오래 할 줄은 몰랐지."

창업주 고 장원일 선생은 김 전무 고모의 시아버지였다. 그러니 멀리 보면 사돈인 셈이다. 김 전무는 식당의 전체적인 관리, 당시 용어로 '조바'와 '카운터'를 챙겼다. 워낙 큰 식당이라 단순히 홀 서빙과 요리로 나뉘는 게 아니었다. 요즘 서비스 업계 용어로 '리셉션'이라고 부르는 손님 접대 관리 업무가 있었던 것이다. 그 일은 지금도 계속되어, 김 전무는 여전히 영업시간에 홀을 지킨다.

오랜 근무도 근무이지만, 필자는 어떤 면에서 우래옥의 창업주와 그 후손이 대단하게 보인다. 인척도 아닌 '직원'을, 50년 넘게 고용하여 믿고 운영을 맡기는 것. 요즘 시속에 기대할 수 있는 일은 아닌 듯싶다. 우래옥에는 그런 장기 근속자가 많다. 58

세니 60세니 하는 정년이 없다. 일할 능력이 되면 '갈 데까지 가 보는' 것이다. 이것이야말로 진정한 종신 고용이 아닐까 싶다. 신뢰, 최선, 노동에 대한 헌신과 보상. 이런 낱말이 떠오른다. 이 같은 일이 기업에서는 불가능한 일일까. 그런데 이런 특기할 '사건'들이 노포들을 취재하면 흔하게 보인다. 청진옥이 그랬고, 무교동의 부민옥, 문경등심도 그랬다. 뭐랄까, 이른바 '노사 관계'의 슬기롭고 도드라지는 한 단면이 아닐까. 기업 경영과 노사 관리, 인사 관리를 하는 이들이 이 식당에서 배울 것은 없을까. 왜 비효율로 보이는 사실상의 '종신 고용'을 하면서 오히려 식당이 더 번성할 수 있을까. 노동자를 임금 지불 대상과 효율로만 보는 기존의 노동 관리 면에서 보면 연구 대상이 아닌가 말이다.

단순할수록 깊어지는 맛의 비결

김 전무를 통해 금기에 가까운 주방을 구경한다. 냉면집은 본디 주방에 쉽게 들어가지 못한다. 단순할수록 예민한 냉면이라는 음식의 특징이 그렇다. 육수 요리법이나 면 배합법은 어쩌면 영업 기밀의 전부일 수 있다. 그러나 김 전무는 대수롭지 않게 대꾸한다.

"냉면이란 게 그저 육수와 면의 조합 아니오. 따로 숨길 게 없고……. 좋은 고기 잘 삶고 좋은 메밀로 면 내리고. 그게 전부니 뭐."

들여다본 소견으로도 그렇다. 연신 우둔살과 사태를 손질하는 육수 라인을 보니 별다를 게 없다. 고기를 푹 삶아 맑은 육수를 내는 커다란 통이 끓고 있을 뿐. 삶아서 내리고 식힌다, 이 단순함에 우래옥의 비결이 있는 게 아닐까. 프랑스 최고의 식당에서 맛보는 콩소메의 비결도 마찬가지다. 좋은 고기, 성실한 레시피. 육수를 맑게 내리기 위한 간단한 조치들. 그런데 프렌치 콩소메와 달리 맛을 더하는 채소가 없다.

"그렇지. 육수에 채소도 안 들어가오. 이것저것 뭘 넣는다 어쩐다 하며 육수에는 다들 조리법이 있는 모양인데, 우래옥은 아무것도 없어. 딱 고기, 그게 전부야."

보통 맛있는 육수를 내기 위해선 뼈와 여러 가지 고기, 파, 양파와 마늘, 냄새를 없애는 향채가 들어가는 게 일반적이다. 하지만 우래옥은 그런 보편성에서 벗어난다. 어쩌면 그런 특이성이 오늘의 우래옥을 만든 것인지도 모르겠다. 우래옥 냉면을 한 그릇 받아보면, 먼저 육수를 보게 된다. 그러고는 한참 들여다보게 된다. 그저 무상해지는, 맑되 고기가 주는 갈색의 깊이 때문이다.

"나도 왜 육수가 이런지 몰라요. 원래 그랬어."

'원래 그랬다.' 그것이 노포를 만드는 비논리적 설명일 수도 있겠다 싶다. 그는 "피양(평양) 냉면은 찡한 맛이오, 찡한 것"이라고 강조한다. 찡하고 맑은, 그래서 군더더기 없고 비교할 수 없는. 우래옥의 육수가 바로 그렇다. 냉면이 언급된 오래된 요리책 중에서 가장 요즘 냉면과 닮아 있고 자세하다 할《동국세시기(東國歲時記)》(1849)에는 돼지고기에 무김치와 배추김치를 섞어 메밀국수를 말아 먹는 것이라고 정의한다. 김치를 넣는 건 지금도 우래옥의 특징이고, 돼지고기는 쓰지 않는다(많은 노포 냉면집에서 돼지고기를 수육으로 팔고 있지만, 대부분 삶은 국물은 육수에 섞지 않는다. 구수하긴 한데 탁한 맛이 나기 때문이다. 냉면집 개업을 고려하는 분들은 알아두시면 좋겠다). 무엇이 정답이냐 가르는 것은 무의미하다. 냉면도 시절 따라 변하게 마련이고, 집집마다 형편 따라 육수며 면이 제각각 다르기 때문이다. 북한의 요리책에도 냉면 배합법은 다양하다. 철권통치를 하고 요리조차 권력 중심에 놓는 북한에서도 냉면의 배합법은 '통일'이 되어 있지 않다. 돼지고기와 소고기의 배합이 가장 많지만, 닭고기를 추가하는 배합법도 있다. 북한 레시피는 한국과 달리 돼지고기 삶은 국물도 꽤 많이 넣는 편이다.

냉면 '오리지널'에 대한 오해

그런데 흔히 알려지기로, 동치미가 냉면의 중요한 국물이 된다

는 것에 김 전무는 동의하지 않는다.

"동치미는 겨울에나 담글 수 있고 햇메밀과 출하 시기가 맞아떨어져서 그 시기에 즐겼던 것은 맞소. 그러나 냉면은 이미 오래전부터 여름이 최고인 계절 음식으로 변했지. 그걸 우리는 인정해야 해요."

흔히 "절절 끓는 아랫목에서 이 시리게 한겨울 냉면을 먹어야 최고다" 하는 이야기는 일종의 신화다. 북한이든 남한이든 이미 그런 역사는 사라졌다. 그런데도 아직도 이런 이야기를 하고 있는 '남한' 사람들이 있다. 경험해보지도 않은 50~60대 나이인데도 그렇다. 기가 찰 일이다. 먹어보지도 못한 사정에도 냉면의 '오리지널'을 말한다. 어쩌면 이런 부분이 냉면이 남한에서 신화가 된 이유일지도 모른다. 분단, 실향민의 고통, 정치적인 음식(남북 정상회담에 나오는), 정보의 단절 같은 것이 냉면을 그런 존재로 만들었다.

어쨌든 그렇게 만든 육수에 메밀 반죽을 넣어 국수를 뽑는데, 한 '통'(기계에 넣는 한 덩어리 분량)에 과거에는 일곱 그릇이 나왔는데, 요즘엔 예전보다 먹는 양이 줄어서 여덟 그릇이 나온다고 한다. 메밀과 전분의 비율을 물으니 주저 없이 "7 대 3이야!" 라고 답한다. 영업 비밀 같은 것이 그에게는 없다. 프로다.

그의 고향은 평양시 신양리(현 신양 지구)다. 냉면 먹던 고향 사람들의 모습이 이 반듯한 노인의 기억에 그대로 남아 있다. 냉면은 본디 김치에서 시작한다고, 그는 입을 뗀다. 물을 많이 잡고, 고춧가루나 조금 넣어 심심하고 차갑게 담그는 김치. 일본의 국수가 가다랑어와 다시마의 조합이고 중국이 채소와 고깃국 물이라면 한국은 김치다. 김치에 대한 이 지독하고도 각별한 민족의 입맛이 냉면에도 그대로 적용되고 있는 것이다.

"독에 배추, 무를 켜켜이 넣고 소금과 고춧가루, 그게 전부요. 맛을 더 내려면 동탯국 물이나 조금 더 넣고. 남쪽의 자극적인 김치와는 다르오."

그렇게 담근 김치가 냉면이 됐다. 북에선 그저 '국수'라고 불렀다. "야, 국수 먹자!" 이러면 겨울엔 냉면을 의미했다. 평안도가 고향인 시인 백석의 시 〈국수〉에서도 '슴슴한 국수'가 나오는데, 이는 냉면을 의미한다. 겨울밤이 유독 긴 평안도, 밤엔 집집마다 냉면을 먹었다. 고깃국 물은 만들기 힘들었고, 그저 김칫독을 퍼서 국물과 김치를 꺼내어 국수에 말면 그게 냉면이었다. 차고 심심하게 말았다. 슴슴하다는 건 무슨 대단한 냉면의 암호로 쓰이는데, 그냥 심심하다, 짜지 않다는 뜻이다. 이것이 이북 사람들의 입으로 발화되는 순간, 언어조차 신화가 되어버렸다.

나중에 알게 된 사실 한 가지를 써야겠다. 우래옥 냉면을 흔히 '육향'이 많이 나는 육수라고 한다. 고기가 많이 들어간다. 불고기를 파니까 여분의 자투리도 넉넉히 넣을 것이다. 한데 김 전무가 나중에 나를 만나서 김치 담그는 이야기를 했다.

"1년 쓸 김치를 엄청나게 많이 담가. 저장해두고 쓴다고."

우래옥 냉면 고명을 보면, 백김치가 몇 점 올라 있다. 바로 그것이다. 김 전무는 '고기 더하기 물'이라고 했지만, 실은 맛의 균형을 위해 김치를 넣은 레시피를 쓰고 있었던 것이다. 비밀이랄 것도 없지만, 보통 시중에 알려진 이야기와는 사뭇 다르다.

때마다 부지런히 반죽해야 하는 메밀

면은 분틀이라 부르는 국수틀(나중에 나온 철로 된 기계는 철틀이라고 부른다)에 눌러 뽑았다. 이 장면을 잘 보여주는 것이 조선 말에 활약한 풍속화가 기산(箕山) 김준근(金俊根)이 그린 〈국수 내리는 모양〉이다. 기생집 부엌의 묘사로 보이는데, 대개 큰 종가나 부잣집 부엌도 비슷했을 것 같다. 그때는 밀가루가 귀했고, 메밀은 상대적으로 만만한 작물이었다(밀가루는 미국 공여 이전에도 중국 화북 지방에서 수입하곤 했다. 확실히 한국 땅에서는 그다지 생산적이지 않은 작물이었다). 밀가루가 대세가 된 것은 전쟁 후 미국의 잉여 농산물이 대량으로 들어오면서부터다. 밀가루 국수는 양반들이 낮것상(점심)으로 먹던 귀물이었다는 여러 기록이 있다. 한반도는 밀이 자라기엔 강수량이 지나치게 많고 기후도 최적이 아니다. 게다가 쌀 중심의 곡식 문화로 밀에 신경 쓸 틈이 없었을 것이다.

"여름이면 논에 메밀 씨를 훌훌 뿌리던 장면이 기억나오. 밭에도 막 뿌리고. 잘 자랐지. 그걸 빻아서 면을 하는 거야."

평양의 겨울이 보통 영하 15~20도 하던 때였다. 해가 짧으니 밥을 일찍 지어 먹었고, 밤이 되면 배가 고팠다. 그래서 낮에 냉면 가게로 먹으러 가기도 했다. 으레 냉면은 오래 기다리는 음식이었다고 한다.

"평양 시내에 가면 한참 기다려야 했소. 주문하면 그때 반죽을 시작하거든. 어린애들은 기다리다 지쳐서 잠이 들기도 했지. 냉면 반죽은 미리 해두면 못 먹어요. 그때그때 해야 하니까 말이오."

그것은 지금도 마찬가지다. 밀은 글루텐을 활성화시키므로 쫄깃하게 반죽하는 게 미덕이다. 그러자면 숙성시켜야 한다. 이탈리아에서 파스타 반죽을 할 때도 치대서 두 시간 이상 저온 숙성을 하는 게 기본이다. 피자도 마찬가지다. 밀은 반죽해서 바로 먹는 곡식이 아니다. 그러나 메밀은 오래 치댄다고 해도 글루텐이 거의 잡히지 않아, 치대고 숙성하는 것이 별 의미가 없다. 그저 뭉치고 강하게 압착해서 내리는 것이 핵심이다. 우래옥 주방에서도 어느 정도 메밀 반죽을 해놓지만, 금세 팔릴 양을 가늠해서 할 뿐이다. 그래서 메밀냉면은 가급적 단단하게 반죽하고, 대개 순 메밀은 풀리지 말라고 뜨거운 물로 익반죽을 많이 한다.

전분과 소다를 치는 경우도 마찬가지다. 냉면의 점도를 상승시키기 위함이다.

서울에서도 야식으로 냉면을 많이 먹었다는 기록이 있다. 서울 출신으로 〈동아일보〉, 〈한국일보〉의 기자를 지낸 언론인 홍승면 선생과 서울 토박이 방송 작가 이경재 선생의 글에는 냉면을 만들어 먹던 서울 풍습이 나온다. 특이하게 설탕을 치는 게 서울 냉면의 특징이었다고 한다. 어쨌든 서울에도 밀가루는 귀했고, 메밀이야말로 한반도 전체의 주요 분식이었던 것이다. 서울 냉면의 원형을 고종이 좋아하던 냉면이라고 하는 이들도 있는데, 고종은 배를 넣어 달게 한 냉면을 좋아했다는 기록이 있다. 그것이 서울 냉면인지는 현재 뚜렷하게 밝혀진 바 없다. 평양에서 이식된 것인지, 아니면 서울의 본고장이라고 할 수 있는 개성의 냉면이 남아 있던 것인지조차도 오리무중이다.

창업주의 말에 따라 2만여 그릇의 냉면을 먹다

오랫동안 자리 잡고 있던 우래옥의 풍경도 많이 바뀌었다. 원래는 지금의 주차장 자리가 가게 터였는데, 1988년에 현재 자리로 새로 지어서 옮겼다. 화력도 바뀌었다. 장작과 연탄에서 기름으로 넘어가 한 시대의 주방을 풍미했다. 1988년에는 도시가스가 들어왔다. 얼음도 지금은 만들어 쓰지만, 당시엔 주문해야 했다. 빙(氷) 자를 간판에 쓴 가게에 주문하면 거대한 얼음덩어리가 들어왔다. 주로 앞잡이가 얼음을 썼다. 앞잡이는 삶은 면을 헹구어 그릇에 담는 역을 한다. 뜨겁게 삶은 면을 빠르게 식히기 위해서 얼음을 썼다. 특이하게도 육수에는 절대 얼음을 넣지 않았다.

"얼음을 넣으면 싱거워지고, 또 당시 얼음은 미덥지가 않았어. 대장균 검사하면 문제지."

그는 매일 냉면을 먹는다. 하루 한 그릇은 기본이다. 할아버지(창업주)가 "냉면을 팔려면 늘 먹어봐라!" 했던 금언을 지키고 있다. 예순 해가 다 되도록 자기 집 냉면을 먹는다. 그렇게 이 집의 맛은 지켜진다. 2만일 이상을 그는 냉면을 먹고 있는 것이다.

"그러나 우래옥은 냉면집이 아니오. 불고기 냉면집, 평양 음식점이지."

그는 냉면 한 그릇에 35원 하던 시절(입사하고 얼마 지나지 않은 시점인 듯하다)부터 기억한다. 당시 월급이 5,000원이었고, 불고기가 60원이었다. 냉면값 35원은 결코 싼값이 아니었다.

지금도 우래옥은 만원이지만, 별다른 식당이 없던 과거에는 그야말로 인산인해였다.

“이 앞이 돈암동에서 오는 전차 종점이오. 그 전차가 창경원(현 창경궁)을 거쳐 오는데, 거기 구경한 사람들이 엄청나게 와서 냉면을 먹었지. 시골에서 서울 구경 오면 한 번씩 가는 게 창경원인데, 결국 냉면집에도 몰려오는 거지.”

한 달에 딱 두 번 쉴 때다. 과거에는 식당의 휴무는 월 1회나 격주가 흔했다. 장사가 워낙 잘되어 하루가 끝나면 탈진할 정도였다. 먹을 게 없던 시절이라는 것도 한몫했다. 식당이 흔하지도 않았으니, 우래옥으로 몰려갔다. 그렇게 팔기 시작하면 하루 종일 1,000그릇은 보통이고, 2,000 몇백 그릇까지 판 적도 있다. 요즘 화폐 가치로 하루에 3,000만 원 매출을 기록했다고 한다. 신용카드가 없었으니, 돈 세느라 홀 직원이 모두 동원됐을 것 같

다. 현찰계수기를 처음으로 산 식당이었을지도 모르겠다.

서울식 냉면의 표준이 되기까지

우래옥은 1946년에 창업하여 이제는 75년을 바라본다.

"서래관이라고, 창업주께서 송 씨와 김 씨 두 분과 동업하던 평양 음식점이 요 근처에 있었소. 나중에 창업주가 나와서 개업한 것이 바로 1946년이오."

《한국세시풍속사전(겨울편)》(2006)에 의하면, 평양에 냉면집이 등장한 것은 구한말이다. 1910년에 대동문 앞에 2층짜리 냉면집이 있었다는 기록도 나온다. 1920년대에 본격적으로 냉면집이 평양 시내에 늘어나기 시작하는데, 아마도 보급된 제빙기 때문인 듯하다. 냉면이 집에서 말아 먹는 겨울 시속 음식에서 사철 먹을 수 있는, 특히 여름에 더위를 식히는 계절 음식으로 자리 잡는 시기였을 것이다. 이때 냉면집이 늘어서 평양면옥상조합(平壤麵屋商組合)이 생겨났다고 한다. 또 이 책에서는 냉면이 서울에 진출한 것을 1920년대로 추정하고 있다.

"낙원동의 부벽루, 광교와 수표교 사이의 백양루, 그리고 돈의동의 동양루가 모두 냉면 전문점으로 그 당시 이름을 떨쳤다."

소설가 김랑운은 1926년에 단편소설 〈냉면(冷麵)〉을 발표하기까지 한다. 냉면은 서울 사람들에게 크게 인기가 있었다. 배달 음식으로 크게 성행하는데, 배달부 조합이 있을 정도였다. 배달부가 싸움을 했다거나 노동쟁의를 했다는 기사가 일제 때 신문에 등장한다. 홍승면 선생은 "냉면 그릇과 주전자를 얹은 목판을 들고 한 손으로 핸들을 잡고 골목을 누비는 아슬아슬한 자전거"의 모습을 기억한다. 그리고 당시에는 냉면 그릇으로 대야처럼 큰 그릇을 썼다고 한다. 또 이경재 선생의 책에는 겨울에 동치미와 양지머리 육수(서울 사람들이 가장 좋아하는 육수를 내는 부위다)를 섞어 밤참으로 해 먹거나, 전화를 걸어 배달을 시켰다는 기록이 있다. 서울식 냉면을 가장 잘 표현한 대목은 다음과 같다.

> 차돌박이 편육을 두어 점 얹고 실백을 올리고 국물에는 설탕을 치는데 되도록 누런 설탕을 넣었다. 배추 통김치와 함께 먹는데, 더러 동치미에 얼음이 있으면 그걸 으적으적 씹어 먹었다. 국수는 부드러운 서울식 메밀국수를 가게에서 몇 사리씩 사다가 넣어 먹었다.
>
> _이경재, 《서울 정도 6백년》(1993)

1920년대 서울 사람들은 냉면을 해 먹으려고 김장 때 배추김치 이전에 동치미부터 담갔다고 했으니 얼마나 냉면을 좋아했는지 알 수 있다. 이 정도면 냉면은 평양이 아니라 자연스레 서울의 음식이 되었다고 해야겠다.

희한하게도 어려서는 맛을 알 수 없던 평양냉면이 나이가 들면서 인이 박인다. 우리가 우래옥으로 가는 발길을 문득 깨닫게 되는 시점이다. 그렇게 또 우래옥은 긴 세월을 버텨갈 것이다.

김지억 전무는 88세이던 2020년 봄, 우래옥을 퇴직했다. 2020년 여름, 내가 우래옥을 방문했다가 뒤늦게 알게 된 사실이었다. 언제나 그 자리에 계실 줄 알았는데, 충격이었다. 언젠가 올 것이 온 셈이지만.

전화를 넣어서 뵙자고 했더니, 장충동 자택으로 오라고 하신다. 11월, 아주 추운 날이었다. 그의 서재에서 〈한겨레〉 박미향 기자와 함께 만났다. 그는 대한민국 최장기 근로소득세 납부를 마감했다며 웃었다.

"섭섭하지. 안 섭섭하다면 이상한 거지. 그래도 홀가분해. 한데 지금도 집에 있는 게 믿어지지 않아. 어색해. 아침에 양복 입고 나가야 될 것 같아."

그는 나이 들어서 이제 친구도 없다. 모교인 평양고보 동문회도 열리지 않는다. 동창들은 돌아가셨거나 연로해서 외출하지 못한다고 한다. 그는 정정했지만, 불편하던 무릎이 더 나빠졌다. 지팡이의 도움이 더 필요하다고 했다.

그와 만난 얘기는 인터뷰 기사로 〈한겨레〉 지면을 탔다.◆ 기사가 나가고 난 12월의 어느 날, 김 전무에게서 전화가 왔다. 고맙다고 밥을 사겠다는 거였다. 그가 사는 밥을 먹는데, 목울대에 뭔가 울컥 치밀었다. 우래옥 사정은 내가 알지 못하지만, 한국요식업 역사, 냉면사의 한 거물을 송별회나 기자회견도 없이 떠나보내는 건 아니라는 생각 때문이었다.

밥을 얻어먹고 돌아서는 내 발길이 지독히도 무거웠다. 골목으로, 지팡이를 짚고 천천히 걸어가는 김지억 선생의 뒷모습이 눈에 들었다. 그의 발길도 무거워 보였다. 시대의 퇴장 같은 거라고 생각했다.

상호 우래옥 **창업 연도** 1946년 **창업주** 장원일 **주소** 서울 중구 창경궁로 62-29(주교동 118-1) **문의** 02-2265-0151 **대표 메뉴** 평양냉면, 김치말이냉면, 불고기 / 삼삼한 육수와 메밀의 조합은 평양냉면을 더욱 찡하게 한다. 불판 위에 굽는 불고기의 맛은 냉면과도 조화롭다. **가격** 1만 4,000~5만 9,000원

◆ 박미향, '[ESC] 공평하게 친절했지만 권력자에 당당했던 '우래옥 지킴이'', 〈한겨레〉, 2020.12.03.

겨울에
문 닫는 집,
뚝심의 장사법

• 대구 상주식당 •

“
마치 어제도
문을 열었던 것처럼.
”

창업 연도 : 1957년

상주식당은 1년에 두 번 아주 특별한 날을 맞는다. 주인의 생일도 창립 기념일도 아니다. 바로 가게를 닫고 여는 날이다. 그날이 어떻게 특별할 수 있을까 의아하다. 그런데 닫는 날과 여는 날이 다르다. 점점 미궁 속이다.

겨울에 닫고 봄에 여는 전통을 고수하다

"매년 12월 15일 밤에 손님 있는 시간까지, 그러니까 한 새벽 1시쯤 될 거야. 마지막 날이니까 더 늦게까지 손님이 옵니다. 그렇게 영업하다가 가게 문을 닫고 다음 해 3월 1일 아침 9시에 엽니다. 닫는 날은 시원섭섭하고, 다시 여는 날은 긴장되고 그렇지요."

아하, 매년 두 달 보름을 쉰다는 말이다. 매달 월세 걱정에 월급도 줘야 하는 일반 식당에서는 상상조차 할 수 없는 일이다. 범상치 않은 주인의 오라가 느껴진다. 염색기 없는 짧은 흰머리에 강렬한 눈빛을 가진 차상남 씨가 그 주인공이다. 1947년생이니 일흔을 훌쩍 넘긴 나이이지만, 전혀 그 나이로 보이지 않는다.

"식당 하는 사람은 반지, 매니큐어, 화장을 못 합니다. 그래야 합니다."

친절하게 눈가를 일그러뜨리며 웃는다. 이 사람, 대단하다. 본디 겨울 고랭지 배추가 나오지 않고 미꾸라지도 잡을 수 없던 시절, 가게를 닫았다. 이제는 사철 재료가 공급되어도 그 전통을 유지하고 있다. 일할 때 일하고 쉴 때 쉬어야 한다. 그냥 일하는 게 아니라 뼈가 부서져라 일한다. 필자가 들여다본 이틀 동안, 차 씨는 잠시도 쉬지 않았다. 아침 일찍 재료 들어오는 일부터 챙기기 시작해서 점심 손님 받고 저녁 손님 다 나갈 때까지 바지런히 몸을 움직인다.

"닷새 정도 가게를 비운 적이 있습니다. 그랬는데 뭔가 달라집디다."

가게는 주인의 다른 얼굴이다. 그래서 자리를 비울 수 없는 상주식당이 되었다. 얼굴을 걸고 하는 식당이기 때문이다. 그이는 위생과 서비스, 맛의 유지, 전통의 보존 같은 열쇠들을 식당 구석구석에 심어두고 있다. 그것이 상주식당이 100년을 이어갈 이유다. 대기업에서 그이를 불러 강연 듣고 공부하면 좋을 것 같다고 생각했다. 그이는 마케팅의 교과서다. 직원 수도 많아서 열 명가량 되는데, 모두들 동선과 손길에 버릴 것이 없다. 압축적으로 일하고, 맛을 낸다. 식당을 꿈꾸는 사람이라면 꼭 이 식당을 들러보기 바란다. 살아 있는 교재다.

정갈한 음식, 좋은 재료와 오직 정성

상주식당은 오직 추어탕 하나만 요리한다. 추어탕집에서 흔히 내는 튀김이나 전골도 없다. 병 주둥이만 비틀어 상에 내면 거저 남기도 하거니와, 이문이 빤한 밥만 팔아서는 수지가 맞지 않을 텐데도 술을 안 판다. 뚝배기에 담긴 1인용 탕 한 그릇으로 승부한다. 부드럽고 순한 맛이다. 추어가 내는 감칠맛과 배추의 시원함이 전부다. 빼고 더할 게 없어서 솔직하다. 꼼수를 부릴 수도 없다. 담박한 맛이 입에 천천히 감긴다.

"미꾸라지가 좋아야 합니다. 배추도 중요하지요. 몇십 년 된 집이어서 공급해주는 곳이 일정한데, 그래도 쉼 없이 따져봅니

다. 잘되던 회사나 가게가 어디 하루아침에 무너집디까."

그렇다. 서서히, 무너진다. 그래서 주인이 모를 것이다. 군더더기 없는 탕 맛처럼 말투도 닮았다. 추어탕 한 그릇의 감동은 곁들여 나오는 밥과 백김치로 이어진다. 잘 지은 밥에 윤기가 자르르하다. 이런 밥, 쉽게 볼 수 없다. 푸석푸석하고 눌린 밥을 먹을 때마다 필자는 한숨이 나온다. 한국은 밥 문화다. 밥을 중심에 놓고 반찬을 먹는다. 오죽하면 밥을 하늘이라고 했을까. 또 오죽하면 이북에서는 인민들에게 인내심을 요구하며 "이밥에 고깃국 먹을 그날이 온다"라고 했을까. 밥이 망가지는 요즘 한식을 보면 이 집의 가치는 그래서 더 빛난다. 빈틈없되 철학을 가진 집이라는 게 느껴지는 대목이다.

반찬도 정갈하게 차리는데, 백김치가 압권이다. 시원하고 새콤한 맛이 몇 그릇이든 먹고 싶어진다. 멀리서 임신부가 이 김치를 다시 먹고 싶다면서 무거운 몸을 이끌고 찾아오는 일도 있었다. 사이다 타고 사카린 넣어서 대충 만드는 물김치를 먹고 사는 요즘 우리 식중(食衆)에게 이런 김치는 희귀종일 수밖에.

"정성 들여 담급니다. 그게 비결이지요. 좋은 배추로 잘 담가서 잘 익으면 낸다. 이것밖에 없습니다."

배추는 주인 차 씨가 유달리 챙기는 재료 같다. 필자의 눈에 배추가 관상용으로 예뻐 보인 것은 이 집이 처음이다. 막 들어선 한옥 대문에서 나란히 놓인 배추 잎들을 볼 수 있는데, 하나의 설치미술 같다.

한국인은 추어탕을 즐기는 민족이다. 그리고 추어탕은 원래 여름에서 가을에 이르는 계절이 제격이다. 미꾸라지가 살이 오르고, 물이 풍부해서 놀 공간이 있어야 개체 수가 늘어나기 때문이다. 농가에서 변변한 고기 근을 끊어 사 먹기 어려우니 보신 삼아 먹었다. 미꾸라지 넣고 된장 풀고, 배추나 우거지, 되는대로 나물을 넣었다. 여기에 농주 한 사발 곁들이면 그럴듯한 보양식이었다.

서울식과 전라도식, 경상도식 추어탕이 각기 있다. 전라도식은 추어를 곱게 갈아내고, 서울식은 통으로 낸다. 서울의 오래된 추어탕집인 용금옥(湧金屋)에 가면 '갈탕 통탕'을 나눠 시키게 되어 있다. 갈아내느냐 통으로 내느냐를 고르라는 것이다. 원래 서울식은 통째로 끓인다고 알려져 있다. 수주 변영로의 유명한 수필집《명정 40년》에는 형제추탕이 나온다. 그런데 당시에는 추탕도 추탕이지만 대중 술집으로 이용했다. 추어가 나오는 철 외에는 음식과 술안주를 팔았던 것이다. 요즘은 양식이 되어 사철 추어탕이 가능해졌다. 이처럼 역사는 과학과 시절의 변화에 발맞추게 되어 있다.

완벽하지 않으면 성에 차지 않는다

상주식당은 2대째다. 모친 천대겸 씨의 뒤를 이었다. 가게 이름에서 알 수 있듯이 모친 천 씨는 상주에서 올라왔다. 여담이지만 대구에 대구식당이라는 이름이 있으면 사실 이상한 것이다. 고향 이름을 상호에 박아두면 그 스타일을 분명히 선언한다고나 할까. 천 씨가 차 씨 3남매를 데리고 대구 봉산동에 와서 문을 연 것이다. 상주식당의 시초다. 계절에 따라 육개장과 닭개장, 추어탕을 끓였다. 이후 지금의 자리로 옮겨 왔다. 차 씨는 대학을 졸업하고 서울의 무역 회사에서 일하다가 어머니 가게를 물려받았다. 서울에 살면서 일하고 싶었지만, 모친의 자리를 누군가는 채워야 했다. 동생들 대신 그이가 열쇠를 받았다. 어머니가 돌아가신 1993년부터다. 그렇게 꿈 많은 여자가 앞치마를 두르고 일하다 보니 벌써 이 세월에 이르렀다.

"내가 왜 이 자리에 있지 할 때가 있어요. 현실감이 없어요. 어머니 때문에 얼떨결에 시작한 일인데, 벌써 이렇게 나이가 들었어요. 모르지요, 얼마나 더 할지. 그래도 죽을 때까지 하지 않을까 합니다. 이 집을 떠나서 뭘 할 수 있을지 모르겠어요."

문을 닫는 12월 15일 이후에는 자리보전을 하고 앓는다.

"딱 열흘간 앓아요. 정확해요."

그러고는 일어나 운동을 한다. 엄청난 체력이 필요한 상주식당의 일을 감당하려면 운동은 필수다. 현대식이 아닌 옛 가옥이라 동선이 길고 힘들다. 한국식 좌식 문화는 시중드는 사람이 허리가 휠 정도로 힘들다. 부엌도 손을 보기는 했으나 예전의 모습과 크게 달라지지 않았다. 그래서 일이 힘들고 체력이 부친다. 그러나 차 씨의 성정에 어영부영은 없다. 다부지게 끝을 본다. 그 덕성과 에너지를 보충하기 위해 쉬는 두 달 남짓 동안 운동을 한다. 평소 바빠서 못 먹었던 것도 먹고, 미국에 있는 동생도 보러 간다. 그러다가 3월 1일 재개장날에 완벽하게 준비해서 다시 손님을 맞는다. 그 원칙은 단순하다.

"마치 어제도 문을 열었던 것처럼."

그런 차 씨에게서 활력과 에너지가 넘친다. 마흔 중후반의 아주머니가 일하는 것 같다. 운동도 운동이지만, 일하는 게 그이의 몸을 그렇게 유지해주고 있는지도 모른다. 한시도 쉬지 않는 것이다. 빠르게 걷는 것이 자신의 건강 비결이라고 밝힌다. 주인이라고 카운터에 앉아 계산만 하는 것은 그의 성미에 맞지 않는다. 주인이 일하니 직원들도 솔선할 수밖에 없다.

이 집은 탕도 탕이지만, 집 자체가 매우 인상적이다. 기름 먹인 옛 장판이 반질반질하고 정갈하게 깔려 있다. 가게와 문살도 오래된 것들이다. 얼마나 잘 관리되는지 윤기가 자르르 흐른다. 그 장판에 앉아 오래된 상에 밥을 받아 먹노라니, 제대로 사람대우를 받는 것 같다. 아마 다른 손님들도 그런 기분을 즐기러 오는 것일 테다. 이 집의 역사가 60년이 넘었다. 실제 살림집으로도 쓴다. 대구식 가옥의 전형이라고도 한다. 한옥에 대해서는 과문한 필자이지만, 한눈에 보아도 마당이 너르고 깊어 여름에 시원하게 소통되는 집이다.

한때 하루 720그릇까지 팔아봤단다. 먹을 거 많고 식당 널린 요즘은 그 정도까지는 아니다. 가게 밖에 길게 줄을 서는 일도 줄어들었다. 그러나 이 집은 한결같다.

한겨울의 폐점이 상주식당을 유명하게 만든 계기가 됐다. 열어만 두면 손님들이 오는데, 굳이 닫을 일이 무어냐고 사람들은 생각한다. 그러나 제대로 하지 못할 일이면 차라리 안 하는 게 차 씨의 성미에 맞는다. 필자는 기자와 요리사로 살아오면서 사람 만나는 게 일이었다. 덕분에 인상적인 인물들을 꽤 많이 만났다. 하지만 차 씨 같은 인물은 드물다. 완벽함, 그리고 따스함, 인정. 이런 말들이 그이 주변을 감싼다. 상주식당에서 밥을 추가하는 건 언제든 가능하다. 그것도 잘 지은 밥을 말이다.

최상의 재료를 쓴다는 신념

상주식당이 겨울에 닫는 건 원래 이유가 있었다. 우선 미꾸라지를 잡기 힘들었다. 겨울이면 저수지고 농수로고 다 어는데, 좋은 자연산 미꾸라지를 구하기가 쉽지 않았다. 추어만큼이나 중요하게 여기는 배추도 그렇다. 한겨울이 되면, 즐겨 쓰는 고랭지 배추밭이 동면에 들어간다. 저장 배추가 있지만, 맛이 떨어진다고 생각했다. 그이는 '산 배추'라고 부르는데, 어쩌면 그 '산(山)'이 '산[生]'을 뜻하는 것 같았다. 배추가 생생한 기운을 머금고 있기 때문이다.

원래 추어탕은 가을 두어 달만 팔아야 맞는다고 생각한다. 예전부터 유명한 서울의 추탕집들도 사철 문을 열었는데, 미꾸라지가 늘 잡히는 것이 아니고 맛도 떨어질 때가 있기 때문에 다른 요리를 같이 팔았다고 한다.

"그래서 겨울엔 곰탕, 여름엔 육개장 같은 걸 팔았어요. 요새는 추어가 늘 공급되니까 팔고는 있지요."

상주식당이 처음부터 추어탕집은 아니었다. 봉산동에서 막걸리와 청포묵, 돼지고기 요리를 팔았다고 지역신문은 전한다. 그러다가 1960년 무렵에 추어탕 전문집으로 자리 잡았다고 한다. 대구의 대로인 한일로가 2차선일 무렵 지하도 근처에서 영업하다 40년 전, 현재의 한옥으로 옮겨 왔다.

"예전에는 줄을 많이 섰습니다. 요즘도 줄이 끊기지 않을 정도로 오십니다. 더 파는 것도 의미가 없습니다. 더 몰리면 음식

내는 게 힘들고, 잘하기가 어려운 법이지요."

이 집의 오랜 역사에 걸맞게 박정희가 자신의 정치적 고향인 대구를 들를 때마다 잊지 않고 왔다고 한다.

시원하고 담백한 경상도식 '하얀 추어탕'

이 집 추어탕은 조금 독특하다. 된장을 넣어 약간 걸쭉한 기운이 돌고 붉으며 맵싸해야 추어탕이라고 생각하는 사람들에게는 '곰탕' 같은 느낌이다. 그래서 어떤 이들은 '하얀 추어탕'이라 부르기도 한다. 맵고 진한 맛보다는 개운한 맛이 강조된다. 서울식

이나 전라도식과 다른 경상도식의 추어탕이다. 서울식은 육개장 느낌이 들 정도로 진하고 맵다. 특히 서울식에서 추어의 물리적 저작감을 설명한 황호동 선생의 글은 추어탕 맛을 돋우는데, "살은 씹히는지 안 씹히는지 알 수 없으나(오래 끓여서 - 필자 주) 아삭아삭 미꾸라지의 가느다란 등뼈 씹히는 소리는 쾌감을 더하게 한다"라고 표현하고 있다.

원주 추어탕도 유명한데, 서울식과 비슷하다. 남원식 추어탕도 아주 진하다. 된장을 넣고 토란대와 고사리가 들어가 남도식의 한 전형을 보여준다. 대구식, 그중에서도 상주식당의 추어탕은 필자가 먹어본 것 중에서 가장 시원하고 담백하다. 같은 경상도에서도 경남과 부산권은 방아 잎이 들어가고, 더 맵고 알싸하게 만든다. 식품역사학자 윤서석 교수는 대구 출신이라 자신의 책에서 대구식 추어탕을 잘 설명하고 있다.

> 우선 미꾸라지에 소금을 뿌려 진을 뺀 다음 무쇠솥에 푹 삶아 뼈를 체에 밭쳐 발라내고 순수한 고기 국물로 다시 국을 끓인다. 이때 솎음배추, 부추, 고비나물, 싸리버섯, 토란 줄기, 숙주나물, 파 등과 풋고추와 마늘 다진 것을 넣는데 막장으로 간을 맞춘다. 이것을 상에 낼 때는 따로 양념을 곁들이는데 천초(산초) 가루가 꼭 들어가야 제 맛이 난다.
>
> _윤서석, 《한국 음식: 역사와 조리법》(1992)

상주식당의 추어탕과 얼추 같다. 그런데 이런 문헌을 뒤지다 보면 옛 책에 추어탕 한 대목이 있을 법도 한데 도무지 찾을 수가 없다. 추어탕은 반가에선 먹지 않는 음식이었을까. 우리가 예상하듯, 그저 시골에서 그야말로 추렴하듯 먹는 음식이라 당시 책 읽고 글줄 쓰는 이들에게는 소중하게 보이지 않았던 것은 아닐까. 고려 때 송나라 사절로 왔던 서긍(徐兢)이 쓴《고려도경(高麗圖經)》(1123)에 잠깐 등장하고는 거의 없다. 1850년경 한학자 이규경에 의해 출간된《오주연문장전산고(五洲衍文長箋散稿)》에만 추두부탕이라고 하여 그나마 미꾸라지를 쓰는 요리를 유일하게 설명하고 있다. 그런데 이것이 문제(?)의 요리다. 자, 그 책에서는 뭐라고 썼는지 살펴보자.

> 미꾸라지를 항아리의 물속에 넣고 (중략) 솥에다 두부 몇 모와 물을 넣고 미꾸라지 50~60여 마리를 넣어서 불을 때면 미꾸라지는 뜨거워서 두부 속으로 기어든다. 더 뜨거워지면 두부의 미꾸라지는 약이 바싹 오르면서 죽어간다. 이것을 썰어서 참기름으로 지져 탕을 끓이는데 이 탕은 한양의 반인들 사이에서 성행되는 것으로 이미(異味)를 즐긴다.
>
> _이규경,《오주연문장전산고》(19세기)

'반인'은 백정을 말한다. 그런데 여기서 후대의 많은 이들이

의문을 제기하고 있다. 글에는 마치 실제로 본 것처럼 쓰여 있지만, 양반인 필자가 노비 중에서도 가장 천시되던 백정들이 요리하는 것을 옆에서 직접 보지는 않았을 것이라는 추측이다. 또 실제로 이 요리법에 따라 만들어보면 미꾸라지가 두부 속으로 들어가지 않고 죽어버린다는 말도 있다. 어쨌든 논란의 여지가 많은 추어 요리법이다. 추어탕이나 추두부탕은 남자들 정력에 좋은 요리로도 알려져 있다. 의학적 효능이 있을 것 같지는 않지만, 과거에 장어의 정력 증강설과 흡사한, 일종의 샤머니즘적 발상에서 생겨난 말이 아닌가 싶다. 미꾸라지의 생김새를 보면 말이다.

혹시 대구를 들른다면 시내 중심가에 있는 '대백'(대구백화점의 준말로, 대구에서는 이렇게 부른다) 옆, 이 노포를 찾아보길 바란다. 물어물어 가보면, 어떻게 이런 도심에 멋스러운 한옥이 있을까 놀라고, 들어서자마자 예쁘게 진열된 배추에 놀라고, 집의 가꿈과 윤기에 놀라고, 추어탕 맛에 놀라고, 주인 차상남 씨에게 또 놀라게 된다.

나이와 상관없이 활력 넘치는 그이에게 비결을 물으니 이렇게 대답한다.

"하루 한 끼 추어탕을 제 끼니로 먹어보는 것, 뭐 그 정도가 비결이라면 비결입니다."

이런 집이라면 어찌 들르지 않을 것인가.

상호 상주식당 **창업 연도** 1957년 **창업주** 천대겸 **주소** 대구 중구 국채보상로 598-1(동성로 2가 54-1) **문의** 053-425-5924 **대표 메뉴** 추어탕 / 추어탕집이라면 내는 튀김이나 전골은 없지만, 이곳 추어탕만의 군더더기 없는 감칠맛과 배추가 주는 시원함은 어느 곳과도 비할 데가 없다. **가격** 9,000원

주인이 끝까지 주방을 지킨다는 원칙

• 서울 잼배옥 •

"
내가 이래선 안 되겠다.
지켜야겠다.
"

창업 연도 : 1933년

서울의 신문사 앞에는 전설적인 노옥들이 즐비하다. 입맛 까다로운 논객들의 비위를 맞출 만한 곳도 역시 오래된 집들이어야 가능한 모양이다. 조선일보사·동아일보사·서울신문사 등이 있는 다동과 무교동이 그렇고, 광화문 일대에도 언론계의 오랜 단골들이 모인다. 중앙일보사 앞에도 터줏대감들이 있다. 콩국수를 잘 마는 진주식당을 필두로 해서 정원순두부, 강서면옥 같은 곳들이다. 설렁탕 끓이는 잼배옥도 그중 한 곳인데, 역사로 치면 가장 오래됐다.

잼배옥, 서민들의 허기를 책임지다

"내가 1939년생이오. 태어나기 전부터 있었던 식당인데, 아버지 기억으로 32년인가 33년인가 그렇다더군. 기억에 의존하는 것이라. 뭐 한 해 더 먼저 열었다는 게 뭐 중요해. 그래서 그냥 33년으로 한 거야."

1대 주인인 고 김희준 씨의 뒤를 이은 2대 주인 김현민 씨의 기억이다. 잼배옥의 공식적인 창업 연도는 그리하여 1933년이다. 지금 식당 밖에도 그렇게 써 붙여놨다. 필자가 노포들을 취재하면서 한 가지 알게 된 사실이 있는데, 그건 바로 우리 역사에서 민중의 생활사적인 부분, 특히 식당과 밥집의 역사는 거의 정리가 안 되어 있다는 것이다. 아니, 기록 자체가 드물다. 또 업주들도 대를 물려가며 식당을 하겠다고 나서는 의식 자체가 없었다. 이름난 요정이라면 모를까, 대중식당의 역사는 흔적 찾아보기가 여간 어려운 게 아니다. 내가 하는 이 작업도 결국은 그 역사를 메우는 노정이기도 하다.

설렁탕은 장국밥, 해장국과 함께 전형적인 서울 음식이다. 고깃국으로 만드는 장국밥은 좀 더 고급 음식이고 설렁탕은 전형적인 서민 음식이었음을 여러 기록이 증언하고 있다. 설렁탕은 내장이며 소머리며 하는 부산물을 넣어 만드는 것이었기 때문이다. 당시에는 소머리탕이 따로 구별되지 않고 설렁탕의 재료로 쓰였다.

서울 출신 언론인 홍승면 선생은 "6·25 때까지만 해도 남대문 밖에서는 서울역 앞 동자동의 '잼배옥'이 손꼽혔다. '잼배'라는 말이 무슨 뜻인지 언제고 한번 물어봐야겠다고 벼르고 있었는데 6·25가 일어나 잿더미가 되었는지 온데간데없이 되고 말았다"라고 기술하기도 했다.

홍 선생이 살아 계시면 지금 잼배옥으로 모실 텐데. 홍 선생은 어려서부터 설렁탕을 좋이 먹고 살았던 것 같다. 어렸을 때 밖에서 놀다가 시장해져서 친구들을 데리고 집에 가도 집에서는 당황하지 않았다고 한다. 찬밥만 있으면 설렁탕 국물을 사 와서

말아 먹을 수 있었기 때문이라고 술회하고 있다. 아마도 북촌이 집이었을 홍 선생일 텐데, 그 일대에 국물도 살 수 있는 서민적인 설렁탕집이 꽤 있지 않았나 싶다. 그런데 홍 선생도 우리 모두도 궁금한 잼배라는 말은 무얼 뜻하는 걸까.

"잼배옥이 생겨난 곳이 바로 잠바위라고. 내 고향이 중구 도동 1가 91번지요. 지금의 남대문 5가 말이오. 거기에 잠바위가 있었어. 붉은 자(紫), 바위 암(岩). 자암바위가 잠바위가 된 거지. 그게 잼배가 되고. 잼배옥이란 일본식으로 가게를 뜻하는 옥(屋)자를 붙여서 작명한 거지."

자암바위, 잼배라는 말은 인터넷에서도 거의 검색되지 않는다. 잼배옥이라는 이 식당 이름이 전부다. 그런데 김 씨의 부연 설명에서 이 지명이 꽤 유명하다는 걸 알게 된다. 그는 "혹시 〈바위타령〉이라는 잡가 들어보셨소? 두텁바위, 인왕산 봉바위 하면서 잠바위도 나와"라고 말한다.

> 배고파 지어놓은 밥에 뉘도 많고 돌도 많다. 뉘 많고 돌 많기는 임이 안 계신 탓이로다. 그 밥에 어떤 돌이 들었더냐. 초벌로 새문안 거지바위, 문턱바위, 둥글바위, 너럭바위, 치마바위, 감투바위, 뱀바위, 구렁바위, 독사바위, 행금바위, 중바위, 동교로 북바위, 갓바위, 동소문 밖 덤바위, 자하문 밖 붙임바위, 백운대로 결단바위, 승갓절 쪽도리바위, 용바위, 신선바위, 부처바위, 필운대로 삿갓바위, 남산은 꾀꼬리바위, 벙바위, 궤바위, 남문 밖 자암바위…….
>
> _〈바위타령〉

이처럼 바위는 거대한 건물이 거의 없었던 그 시절의 랜드마크로, 그것이 지명을 붙이고 기록하는 중요한 상징물이 되었던 것을 알 수 있다. 잠바위는 그러니까 서울역 건너편 언덕배기, 현 남대문경찰서 옆을 말한다.

"아버지가 잼배옥을 자암비옥(紫岩飛屋)이라고 한자로 써서 간판을 걸어놨던 게 기억나. 먹붓에다 뺑끼(페인트)를 묻혀 쓰셨지."

앞에서 홍승면 선생이 6·25전쟁 나고 찾아보니 폐허가 되었다고 기술했는데, 김 씨에게 물어보니 정확하다. 피란 갔다가 돌아와서 보니 동네가 흔적도 없이 파괴되어 있더라는 것이다.
"개전 3일 만에 삐이십구(B29)가 폭격을 해서 가게가 폭삭 무너졌어."

그렇게 해서 가게는 예전 YTN 사옥이 있던 봉래동으로 갔다가 다시 현 서소문공원에 있는 중앙시장 언저리의 적산 가옥으로 옮겨진다. 그러다 서소문으로 다시 옮겨 현재에 이르렀다. 필자는 옛 잼배옥의 흔적을 찾아 그 일대를 걸어보았다. 피혁 제품을 다루는 가게들과 평범한 밥집들, 그리고 구둣방들이 늘어서 있을 뿐, 잼배옥의 옛 모습을 짐작하기가 어렵다. 대한상공회의소 쪽으로 길을 건너 서소문으로 발길을 돌린다. 이 지역은 여전히 옛 모습이다. 그리고 길을 잃었는데, 잼배옥이 나온다. 바닥이 좁고 빤한 동네다. 여기에서 잼배옥은 자신만의 오랜 이야기를 들려주기 시작한다.

과거 손바닥만 한 동네에서 시내의 여러 인물과도 교류하는데, 그의 입에서 시라소니도 튀어나온다.

"두한이 형 알지. 그쪽 주먹들이 시내를 다 쓸고 다녔어. 혁명(5·16) 나기 전에는 말이야. 시라소니, 신상사 이런 주먹들도 다 본 적이 있어. 아, 우리 동네 서울역엔 도깨비가 있고, 양동(서울역 맞은편)에는 5형제가 있었어. 더듬이라는 별명의 주먹꾼도 유명했지, 하하."

그의 입에서 나오는 말은 전부 현대사의 일부가 된다. 잼배옥의 역사도 그래서 서울의 현대사라고 할 수 있다.

씨 육수, 맛의 비결

서소문은 잼배옥의 새로운 역사를 쓰게 된 곳이다. 3대째 가업을 이어주게 되었고, 설렁탕 명문가로서의 명성도 얻었다. 이 집 설렁탕은 뭐랄까 서울 대중에게 유행하는 스타일과 좀 거리가 멀다. 얼마나 뼈를 고았는지 묵직한 냄새가 자욱하게 피어오른다. 노옥의 기운을 여지없이 풍겨 식욕을 마구 불러온다. 옛날 방식을 거의 그대로 쓰고 있는데, 우선 24시간 가마솥의 불을 끄지 않는다. 씨 육수랄까, 가마솥에 들어 있는 뼈 삶은 진국이 한 번도 바닥을 드러내지 않았다. 거기에 뼈와 고깃국 물이 계속 더해지면서 전통의 맛을 내는 것이다.

"달라진 것이라면 고기 함량이 더 늘었지. 예전에는 고기가 지금보다 더 비싸서 많이 못 넣었어. 요새는 고기를 많이 넣는 편이오."

또 족과 부속을 넣지 않는 것도 달라진 요리법이다. 예전에는 마장동에 소머리를 주문하면 자전거로 배달해오면서 족과 사골 따위 부속을 함께 가져왔다고 한다. 그러나 1970년대 들어와 보신 식품으로 족과 사골이 주목을 받으면서 값이 크게 올라 시장 판도가 바뀌었다고 한다. 선물용으로 쓰일 정도로 가치가 올라가는 바람에 한 그릇에 몇백 원 하는 설렁탕집에서는 더 이상 쓸 수 없게 됐다.

설렁탕이 얼마나 중요하고 의미 있는 음식이었는지 당시 자료에 기록이 많다. 잡지 《별건곤(別乾坤)》에 실린 설렁탕 기사가 눈에 띈다.

> 말만 들어도 위선 구수-한 냄새가 코로 물신물신 들어오고 터분한 속이 확 풀리는 것 같다. 멋을 몰으는 사람들은 설넝탕을 누린 냄새가 나느니 쇠똥 냄새가 나느니 집이 더러우니 그릇이 不快하니 하지만 그것은 정말로 설넝탕에 맛을 드리지 못한 가련한 친구다. (중략) 설넝탕을 일반 하층 계급에서 만히 먹는 것은 사실이나 제아모리 점잔을 빼는 친고라도 죠선 사람으로서는 서울에 사는 이상 설넝탕의 설녕설녕한 맛을 괄세하지 못한다.
>
> _〈괄세 못할 경성 설넝탕〉, 《별건곤》(1931. 7.)

다른 표현도 재미있지만 끝부분의 '설녕설녕한 맛'이라는 대목이 웃음을 자아낸다. 설녕설녕한 맛의 설렁탕 한 그릇이 당긴다. 개화기에 이미 서울에는 설렁탕집이 장사를 하고 있었다. 일제강점기에 근대를 맞으면서 좀 더 번창했던 듯하다. 옛 신문 자료를 보니, 일제 관보 격인 〈매일신보〉에 경찰의 미담이 소개되어 있다. 먹고살기 힘들어 일부러 도둑질한 뒤 자수한 청년을 “부내 공평동의 대창옥이라는 설넝탕집에 직원으로 소개해서 자전거 배달부로 잘 살고 있다”(〈매일신보〉, 1933)라는 기사다. 이 자료로 당시 번화가였던 종각 부근 공평동에 설렁탕집이 여럿 있었고, 자전거 배달이 흥했다는 것도 엿볼 수 있다. 공평동은 오래된 설렁탕집 이문식당이 자리 잡은 지역이니까 말이다.

또 당시에는 설렁탕 배달이 많았던 것 같다. 1935년 신문에는 수금 간 배달원이 나중에 다시 오라는 하녀의 말에 격분, 폭행을 하는 사건 기사가 실렸던 것이다. 설렁탕이 우리에게 얼마나 중요한 음식이었는지 알 수 있는 기사도 많다.

1940년대는 전쟁이 심하던 시기였고 물자도 부족했다. 그때 기사에는 식당 영업을 밤 11시로 제한한다는 내용과 함께 설렁탕집은 밤일하는 노동자를 위해 영업시간 연장을 검토한다는 보도가 있을 정도였다. 또 해방 후인 1950년 2월에는 쌀이 부족하여 흰쌀밥 판매를 금지했을 때, 설렁탕집만은 제외해야 한다는 여론을 보도하고 있다.

위기를 딛고 80년 명맥이 유지되다

"옛날에 서울엔 설렁탕 잘하는 집이 있었지. 염천교 앞에 복순옥, 시내에 대림옥, 세운상가 앞 감미옥 같은 집들이 유명했지. 이제는 별로 남아 있지 않아. 을지로 조선옥에는 갈비탕 먹으러 갔고."

듣기만 해도 전설적인 집들이다. 그의 기억 속 명가들은 이제 거의 자취를 감추고 몇몇만 명맥을 잇고 있다. 잼배옥은 80년 이상 역사를 이어오고 있지만, 몇 차례 대가 끊길 위기가 있었다. 김 씨는 1980년에 미국으로 이민 갈 작정이었다. 하지만 실제로 가서 잠깐 지내보니 살 만한 곳이 아니어서 그대로 돌아왔다.

"만약 갔으면 잼배는 끝난 거지."

지금은 노포니 노옥이니 대를 잇는 집이니 하면서 사람들의 관심을 끌고 있지만, 십수 년 전만 해도 그런 개념이 없었다. 창업에 대한 기록은 물론, 영업 역사에 대해 누구 하나 챙기는 문화가 없었다. 잼배옥 같은 오래된 집들도 그 당시 그냥 '접으면 접나 보다' 하는 분위기였다. 그도 그렇게 역사의 문을 닫을 뻔했다. 지금도 오래된 식당이 민속사적 가치가 있다는 사실이 광범위한 이해를 얻고 있지 못한 실정이다. 관련 사료(史料)도 없고, 그것을 찾아 구축하는 것도 일부 민간 연구자들의 몫이다. 먹어야 살고, 먹는 일이 거의 전부일 수 있는 인간과 민족의 역사가

해장국
新裝
今日開業
설농탕

너무도 허망하게 무너질 판이다. 잼배옥의 건재는 그런 점에서 더욱더 소중해진다. 노포의 개념이 얼마나 부족했느냐면, 잼배옥은 서소문으로 이전하던 초창기, 현 대한항공 사옥 옆에서 남창옥이라는 이름으로 몇 년간 식당을 했을 정도다. '잼배옥'의 고유한 이름이 지닌 가치를 그조차 잘 몰랐던 것이다. 명동에서도 2년간 영업을 하다가 마침내 서소문교회 옆 작은 가게에 잼배옥의 간판을 건다.

"1969년 봄의 일이고, 1975년 5월에 지금 자리에 들어온 거야."

옛 기억도 명료하다. 옛날 일을 생각하자 회한과 즐거움이 교차하는 듯했다.

3대째 주방을 잇다

그에게 설렁탕 맛있게 끓이는 법을 물었다.

"우선 재료가 좋아야 해. 뼈도 소머리도 좋아야 하고. 그리고 한 100그릇 이상은 팔아야 제맛이 나와. 그러면 보약이 따로 없어."

요식업의 몇 가지 뻔한 비결 중 하나가 바로 '규모의 맛'이다. 양이 어느 정도 되어야 제맛이 나오는 법인데, 필자도 그것이 왜 그런 결과를 가져오는지 이해하고 있지는 못하다. 불과 양, 그것이 핵심일 텐데. 어쨌든 설렁탕을 집에서 끓였을 때 제맛이 안 나는 이유는 있는 법이다.

잼배옥은 이미 3대째 대를 물렸다. 그는 아들에겐 이 일을 시키고 싶지 않았다고 한다. 너무 힘들고 고단한 일이었기 때문이다. 무엇보다 주방에 있던 사장이 카운터로 나와 앉으면 그 식당은 안 된다는 철칙이 있었다. 그 역시 은퇴하던 날까지 주방장으로 일했다. 아들도 당연히 부엌으로 들어가 솥을 잡으면서 일을 배웠다. 몇 해를 시켜보았더니 단단히 해낼 의지가 보여, 결국 국자를 물려주었다. 그가 아들에게 이 일을 물려주게 된 계기가 있었다.

"나라에서 노포니 뭐니 하며 인정해주고, 손님들도 오래된 가게의 가치를 아니까, 아차, 내가 이래선 안 되겠다. 지켜야겠다. 이 가게는 이미 내 것이 아니다. 이런 생각이 들었어. 그래서 아들이 할 수 있나 봤지."

한동안 아들에게 주방 일을 시켜봤다. 아들은 어려서부터 아버지의 모습을 기억했다. 항상 늦게 들어오고, 몸에서 동물성 냄새가 났다. 오직 부엌을 지키는 자에게서만 나는 냄새였다. 아들은 직접 일을 해보고 잼배옥의 무게를 실감했다고 한다. 얼마나 힘이 드는지, 고기를 써느라 팔꿈치에 '테니스 엘보'라는 병을 얻었을 정도다. 무와 배추만 일주일에 100개, 100포기씩 담가야 하는 큰 부엌이다. 아들이 물려받은 지 이제 20여 년, 잼배옥이 명실상부한 백년식당으로 가고 있는 셈이다. 아버지는 이제 마음이 놓인다고 한다.

"2001년에 부엌에서 벗어나 솥을 놨어. 난 좋아. 이렇게 놀 수 있고, 기자들 만나 소주도 마시고. 이거 먹어봐. 안주론 설렁탕이 그만이야."

그는 평생 장복(?)한 설렁탕이 든든해서인지 술도 셌다. 소주 두 병쯤은 낮술로 거뜬하다. 인터뷰하는 동안에도 말 한 번 따로 가는 법이 없고, 기억력도 좋았다. 필자는 평소 이 집에서 수육을 즐긴다. 특히 내장이 두루 나와서 노포 설렁탕집의 전통을 그대로 보여주는 명품이다. 잼배옥은 그런 내장 냄새가 풍기고, 기운이 옛 탕집의 위엄을 조신하게 드러낸다.

많은 노포를 취재하다 보면 여러 가지 새로운 사실을 알게 되는데, 그중 하나가 요즘 한 가지 메뉴로 정착한 노포의 역사에는 대부분 다른 메뉴도 취급한 적이 있었다는 점이다. 냉면 명가도 예전에는 찌개를 팔았고, 잼배옥 역시 닭개장이나 돈가스에 김치찌개를 팔던 때도 있었다. 여름에는 냉면도 팔았다. 한 가지 메뉴로 단순화한 것은 1980년대 이후의 유행이었는데, 이른바 '전문집'의 위상을 강화하는 쪽으로 식당의 풍속이 바뀌었던 것이다.

"탕이 예전에는 더 묽었어. 고기가 비쌌으니까. 설렁탕이 귀한 음식이었잖아. 쉽게 먹을 수 있는 음식이 아니었지."

그랬다. 필자도 아버지가 설렁탕 한 그릇 사주던 날을 기억하니까 말이다. 가게 밖으로 풍겨오던 자욱한 동물성 수증기, 이발사처럼 짧은 위생복을 입은 '뽀이'들이 깍두기 국물 주전자를 들고 다니며 탕 그릇에 부어주었고, 연신 주문을 외쳐대는 '지배인'이 있었다. "어서 옵쇼!" 하는 말이 진짜 그 시절 서울의 사투리였다.

"중구 도동 시절에는 장사가 정말 잘됐어. 깍두기 무를 열 가마니나 한 번에 담글 정도였으니까. 그때 설렁탕 한 그릇에 100원 했으니까 아주 비쌌어. 그래도 먹을 게 없던 시절이고, 식당도 변변치 않았으니 더 잘됐지. 설렁탕이 아주 인기 메뉴였고. 그때

는 깍두기 국물을 탕에 부어 먹는 게 일반적이었지. 그러고는 깍두기를 더 달라고 했어. 깍두기로 배 채우는 거지. 늘 배고팠으니까. 찬이 그거 하나니까."

창업했던 도동 시절에는 연료도 지금과 달랐다. 처음에는 장작과 석탄을 땠다고 한다. 서울역에 석탄 창고가 있었는데, 그걸 훔쳐서 파는 사람들이 있었고, 화력이 무척 좋았다고 한다. 설렁탕은 뼈를 고는 일이라 화력이 매우 중요하다. 조미료와 관련된 증언도 재미있다.

"그때는 미원, 미풍, 미소, 미미소 등 브랜드도 아주 많았어. 그 시절에는 그게 좋은 거라고 했지. 요즘처럼 꺼리는 분위기가 절대 아니었어. 오히려 비싸서 쉽게 넣을 수가 없어. 요즘은? 안 넣어. 사람들이 안 좋아하고, 또 고기를 충분히 쓰니까 맛이 잘 나와."

풍속이 바뀌면서 한 가지 특이한 변화가 있었다. 설렁탕 국물이 진해지고 뚝배기 양도 늘었다. 그 대신 밥의 양은 반으로 줄었다.

"그때는 바쁘게 먹어야 하니까 밥을 토렴해서 말았어. 그런데 요즘은 점잖게 따로국밥으로 먹지. 2004년부터 따로국밥으로 내기 시작했어. 토렴해서 말아달라고 하면 지금도 해드리기는 하지."

긴 시간, 소주병이 자꾸 비워졌다. 인터뷰를 마치고 악수하는 그의 손은 아직 가마솥을 쥐고 흔들 만큼 힘이 있었다. 설렁탕의 힘인가 싶었다. 서울에 아직 진짜 설렁탕을 먹을 집이 있다는 건 참 다행스러운 일이라고, 선생께 고맙다고 한마디 전하고 싶었지만, 그의 따뜻하면서도 깊은 눈빛에 압도되어 입을 다물고 말았다.◆

상호 잼배옥 **창업 연도** 1933년 **창업주** 김희준 **주소** 서울 중구 세종대로9길 68-9(서소문동 64-4) **문의** 02-755-8106
대표 메뉴 설렁탕, 도가니탕, 꼬리곰탕, 수육 / 진하면서도 구릿한 설렁탕과 내장이 두루 섞여 나오는 수육은 명품이라 할 수 있다.
가격 1만~5만 9,000원

◆ 김현민 선생 부부가 양평 집에서 노후를 잘 보내고 있다고 얼마 전 그의 며느리가 전언을 주었다. 선생 부부의 장수를 빈다.

근면함은
장사꾼
제일의 덕목이다

• 서울 이북만두 •

“

여전히 아침 8시면
출근을 해요.

”

창업 연도 : 1990년

예전에 서울 시내에 많던 것 중에 지금 사라져버린 존재들이 좀 많은가. 먹을거리로 치면, 제과점과 만두 가게를 먼저 들 수 있겠다. 무과수제과, 풍미당, 덕수제과 등 종로와 명동 일대의 제과점들이 다 사라져버렸다. 제과점은 단순히 빵과 과자만 파는 게 아니라 일종의 미팅, 약속 장소로 이용됐다. 젊은 세대도 강남역 뉴욕제과가 오랫동안 그 몫을 해온 걸 기억할 것이다. 땅값이 오르면서 제과점은 빵과 커피를 팔아서는 버티지 못하게 됐다. 자연스레 그 자리에는 더 부가가치 높은 업소가 들어섰다. 만두 가게도 마찬가지다. 힘겨운 손노동으로 이어지는 만두 가게가 번화가에서 남아가기를 기대하는 건 무리일 것이다. 한데 그런 만두 가게는 중국식이다. 주로 화교 또는 그 기술을 배운 한국인이 장사했다. 지금 우리가 찾아갈 곳은 이북식 만둣집이다. 이북식 만두는 원래 평양냉면집에서 사이드로 팔던 메뉴다. 이 가게는 만두를 전면에 내세운 이북식 만둣집의 원조격이다. 그래서 상호도 이북만두(리북만두라고도 부른다)다.

이북식 만두와 김치말이국수

"애들 학교 시키고 먹고 살아야 하니 시작했지요. 이 동네가 원래 왔다 갔다 하던 데예요. 이 집은 제 것이 아니에요. 시누이의 시댁 소유예요."

1939년생인 박혜숙 여사는 평양시 수옥리가 고향이다. 대동강 변에서 놀곤 했다는 기억을 꺼낸다.

"겨울에 대동강에 가서 스케이트 타고, 오뎅도 사 먹고 했어요."

구글에서 보는 평양 지도는 아주 엉성하다. 통일부 문서 자료를 찾아보니, 지금의 평양시 중구역에 해당한다. 중구역 안에 수많은 동이 있고, 수옥동이 나온다. 여담인데, 앞서 소개한 우래옥의 퇴역한 전 지배인 김지억 선생의 고향은 인근인 신창동이다. 수옥동은 지도를 보니 역시 대동강을 끼고 있으며, 평양의 심장부다. 김일성광장, 만수대기념비, 인민대학습당, 천리마 동상 등이 있다.

"할아버지는 건설업을 하셨고, 아버지는 교통부 직원이었어요. 살던 동네의 기억은 잘 안 나는데, 화신백화점이 있어서 놀러 다니곤 했어요."

종로 화신백화점(현재의 종로타워 자리에 있던 일제강점기 경성부 5대 백화점 중 하나)은 서울의 랜드마크였다. 평양에 지점이 있었다는 건 박 여사의 얘기를 듣고 처음 알았다.

주문한 만두와 김치말이국수가 나온다. 만두에는 두부가 넉넉하게 들어가서 심심하고, 김치말이국수는 짜릿하다. 이걸 먹으러 점심시간이면 직장인들이 줄을 선다. 무교동, 다동 일대에 직장인들이 많았던 1990년대, 2000년대에는 줄이 하도 길어서

이북만두
SBS·KBS
빈대떡
손만두국
Tel. 02) 776-7361

포기하고 돌아서는 손님도 많았다.

"김치말이국수고 만두고 다 오마니 솜씨지요. 그걸 내림으로 제가 받았고요."

이북만두가 사람들에게 기억되는 건 맛도 맛이지만, 가옥이 가진 기운 때문이다. 일제강점기에 지어졌다는 게 대들보에 새겨져 있다. 쇼와 12년(정축년) 5월이다. 1937년에 해당한다. 넓은 대지에 넉넉하게 자리 잡고 있어서 부잣집이라는 걸 알 수 있다. 옛날 모습을 그대로 간직하고 있지는 않다. 지붕을 씌우고, 툇마루도 덧씌워놓았다. 부엌도 일하기 편하게 개방형으로 수리했다. 장사를 해야 하니, 옛 가옥 구조로는 불가능했으리라. 그래도 운치며 멋은 그대로다. 방 하나에는 옛날 가지고 있던 제니스 라디오며 싱거 미싱이 그대로 있다.

"제니스 라디오가 아마 집 한 채 값이었을 거예요. 용케 아직 가지고 있네요."

김치말이밥으로 문전성시를 이뤘던 사건

박 여사는 어려서 만두며 김치말이밥을 먹던 기억을 희미하게 가지고 있다.

“아버지가 마당에 김칫독을 묻었어요. 김치를 어떻게 만들었는지는 기억이 안 나요. 만두는 겨울에 돼지고기, 숙주 넣고 잔뜩 만들어서 얼궈요(얼려요). 그걸 마당에 있는 독에다 넣어놓고 가져다 쪄 먹고 했지요.”

박 여사는 어려서 월남했으니, 평양에 대한 기억도 적고 사투리도 거의 쓰지 않는다. 그런데 ‘얼쿤다’라는 이북 말은 선명하게 사용했다. 부모님과 살면서 들은 사투리가 혀에 붙어 있는 것이다. 그이의 부모님은 파란만장한 피란살이를 시작했다. 다행히도 동대문시장에 열었던 포목점이 잘됐다. 다들 입고 먹어야 했던 시절, 옷감은 늘 부족했고 이북 사람 특유의 근면한 성격이 한몫했을 것이다. 장충동, 회현동, 필동 등으로 옮겨 살면서 그이도 서울 사람이 됐다. 음성이 좋아서 혹시나 하고 여쭤보니 성악을 전공했다.

“한양대학교 성악과를 다녔어요. 최불암 씨가 제 대학 동기예요. 〈한국인의 밥상〉 찍는다고 우리 집에 와서 반갑게 만났어요. 그 양반 어머니가 아마 명동에서 식당을 했을 거예요.”(최불암 선생의 모친은 명동에서 ‘은성’이라는 전설적인 술집을 했다)

흥미로운 건, 박 여사가 김일성대학교 부설 인민학교, 즉 초등학교를 다녔다는 사실이다. 월남해서 아현초등학교, 대구로 피란 간 시절에 신명여자중학교를 다녔고, 서울로 와서 정신여자고등학교를 나왔다.

원래 이 집은 상호대로 만두가 유명했다. 이북 만두의 전형은 큼지막한 삶은 만두다. 물만두의 일종이라고 할 수 있다. 피가 두껍고 커서 찌기에는 무리다. 그래서 삶아 먹는다. 만둣국과 전골도 팔았다. 여름이면 더운 음식이라 덜 팔렸다. 어머니(고 이종옥 씨)가 겨울에 해주시던 김치말이밥을 냈다. 사철 김치를 담글 수 있게 되었고, 냉장고가 보급되었으니 가능한 일이었다. 이 메뉴가 대박이 난 건 사연이 있다.

"디제이(김대중 대통령)가 이북 가던 날(2000년 6월)이었을 거예요. 동아일보 기자가 우리 가게에 많이 왔는데, 그중 한 양반이 우리 김치말이밥을 소개한 거예요. 아마도 서울에서도 맛볼 수 있는 이북 음식점 소개하는 기사였겠지요. 그날 점심에 깜짝 놀랐어요. 줄이 끝도 없이 서 있는 거예요."

신문 기사가 엄청난 영향력을 가지고 있던 시대의 이야기다. 이제 김치말이밥은 이 집이 일종의 특허(?)를 가진 셈이랄까. 이걸 먹으러 이북 출신 인사들이 지금도 찾아오고, 인터넷에서도 맛을 찾는 사람들의 단골 방문지가 됐다.

일관된 하루를 지속하는 주인장의 저력

그래도 원래 이 집의 주력은 만두다.

"손으로 빚다가 제가 나이도 들고 해서 기계로 만들어요. 사람이 재료를 준비하고 하는 건 똑같고요. 이 동네에 삼성 본사가 있었고, 기자들이 사람 많이 만날 때는 장사가 아주 잘됐어요. 이젠 옛날 같지는 않죠."

특이한 메뉴가 하나 있는데, 굴림만두다. 무엇인지 모르는 사람도 많을 것이다. 만두소가 남으면 그걸 팬에 굴리듯 지진다고 하여 이름 붙였다. 일종의 재료 활용 메뉴다. 동그랑땡이라고도, 한국형 햄버거 패티나 미트볼이라고도 할 수 있다.

평양 음식도 시간이 흐르면서 많이 바뀌었을 것이다. 당대 북한의 평양 음식은 평양냉면, 숭어국, 평양온반을 든다.

"옛날엔 노티(노치)라는 걸 많이 먹었어요. 찹쌀부침의 일종인데, 맛있었던 기억이 납니다. 한국에서는 어머니가 해주시질 않아서 저도 잘 몰라요. 김치밥은 많이 해 먹었어요. 김치 넣고 돼지고기 썰어 넣고 밥을 짓는 거지요."

그이는 나이가 들었지만 여전히 아침 일찍 출근해서 카운터를 지킨다. 과천 딸네 집에 살면서 어김없이 8시면 버스를 탄다. 점심 장사가 끝나면 오후 서너 시에 퇴근한다. 인터뷰를 마치고 그이는 퇴근길에 올랐다. 무릎이 안 좋아 지팡이를 쓴다. 좁은 무교동 골목길을 걸어가는 뒷모습이 알싸했다. 그건 어쩌면 시대의 퇴장을 준비하는 걸음걸이 같기도 했다.

이북만두는 1990년 문을 열어서 이제는 2대인 아들에게 물려주는 중이다.

상호 이북만두 **창업 연도** 1990년 **창업주** 박혜숙 **주소** 서울 중구 무교로 17-13(무교동 27) **문의** 02-776-7361 **대표 메뉴** 만둣국, 접시만두, 김치말이밥 / 이북식 큼직하고 피가 두꺼운 삶은 만두와 김치말이밥 **가격** 9,000~5만 원

최고의 레시피는
몸으로
체득하는 것

• 서울 연남서서갈비 •

"

참, 불씨는 어떻게
그렇게 지켰나 몰라.

"

창업 연도 : 1953년

오직 서서 먹는, 그래서 '서서갈비'로 알려진 가게가 있다. 노고산동이라는 흘러간 시대의 영화배우 예명 같은 동네의, 그리하여 오래된 서울과 신촌의 기억을 가지고 있는 노포다.

어느 겨울날 정오 무렵, 체감온도 영하 10도 아래의 삭풍이 몰아치는 신촌 모텔 골목, '타이루'(타일) 붙인 낡은 건물 1층으로 사람들이 몰려든다. 배연이 잘되지 않는 홀이라 한겨울에도 문을 활짝 열어놓았다. 30분쯤 이 가게에 있으면 머리카락에 고기 기름이 달라붙어 왁스를 바른 듯 단단하게 세팅될 정도다. 그런 분위기에 다들 특이하게도 즐거운 듯 서서 고기를 굽는다. 한 손을 주머니에 찔러 넣은 채 발 동동 굴러가며 고기를 굽는 광경이라니! 이것은 지난 시대에 대한 마지막 경의 내지는 호기심일 듯싶다.

옛날 그대로, 진짜 서서 먹는 갈비

"의자는 본디 있었어. 가꾸목(각목)으로 얼기설기 엮은 의자가 몇 개 있었는데, 술꾼이 앉으니 견뎌내나? 다 부서지지. 결국 의자 없이 영업했는데, 그게 이 세월이 된 거요."

서울 사투리. 오랜만에 들어보는 서울 사투리다. 이대현 씨가 바로 이 오래된 '스탠딩 갈비 바'의 역사다. 1953년에 창업했으니 얼추 70년이 다 되어간다. 수많은 유사 업소가 '서서' 먹는 집을 해보려 했지만, 끝내 한국인 특유의 좌식 문화에 굴복했다. 오죽하면 스탠딩이 기본인 '바'에서조차 결국 스툴이라 불리는 키 높은 의자를 놓고 있을까.

주인 이대현 씨에 의하면, 서서갈비 같은 상호가 전국에 200개가 넘는다. 하지만 아이러니하게도 대부분 '앉아서' 먹는다. 그러나 이 집에서는 군소리 없이 서서 먹어야 한다. 마치 난민촌이나 막사 같다. 사람들은 그 역사의 현장에서 증인이 되고 싶어 하는 듯하다.

"여기서 고기 한 점 먹어보면 옛날엔 이랬나 보다 체험하는 거지. 그게 우리 집 존재 이유요."

유럽은 서서 먹는 문화가 있다. 바(bar)라고 부르는 커피숍 겸 간이 술집은 당연히 서서 먹는 걸로 안다. 이탈리아나 프랑스의 바는 앉아서 먹는 걸 좋아하는 아시아 관광객에게 세 배쯤 되는 계산서로 바가지를 씌우며 돈을 번다. 바는 원래 서서 먹는 것이니, 앉으면 돈을 더 내는 게 당연한 일이다. 바는 널따란 판자를 의미하며, 그것은 곧 의자 없이 먹는 걸 뜻한다.

대개 음료나 술을 한 잔 가볍게 마신다. 그러나 에스파냐에서는 제법 본격적인 음식을 서서 먹는다. 그러므로 이 식당은 에스파냐의 한입거리 음식인 타파스(tapas)나 핀초스(pinchos) 바에 더 가깝다. 서울 구도심에 있는 진안주 전문, 오래된 역사의 숨결을 느낄 수 있는 현장이 된다. 진안주란 마른안주의 반대말로, 양념에 잰 고기처럼 묵직한 안주를 의미한다. 한때 우리도 선술집이 있었다. 서서 먹는 술집 말이다. 다치노미야라고 불리는 일본식 선술집이 일제강점기에 들어와서 유행했던 걸로 보인다. 일본에서는 지금도 이런 술집이 꽤 있고, 2020년 현재 대유행이다. 특히 오사카, 도쿄는 다치노미야가 많은 도시다. 그러나 한국에서는 모두 시간의 뒷길로 사라졌으니, 아마도 이 집이 살아 있는 가장 오래된 선술집일지도 모르겠다.

주인의 굳은살이 증명하는 최고의 갈비 맛

원래 옥호(상호) 같은 것도 없는 집이었다. '서서갈비'라는 애칭도 손님들이 알아서 붙인 것이다. 상호 등록 같은 건 더더욱 몰랐다. 나중에 보니, 누군가 그 이름으로 관청에 등록을 해놓았다. 이젠 쓰고 말고 할 것도 없다. 남들이 쓰든 말든 관심이 없다는 얘기다. "뭐 서서갈비라고 하나 안 하나 사람들이 다 아는데 뭐"라고 부러 심드렁하게 말한다.

"이제 오래 했어요. 연탄불을 안 꺼뜨리려고 새벽에 일어나 갈아댄 세월이 참 길어졌어요."

그의 낮은 목소리에 가슴이 쿵, 울린다. 그는 새벽 4시 반이면 나와서 6시에 한 번, 8시 반에 한 번 가게 안에 있는 스무 개 넘는 드럼통 탁자의 연탄에 불을 붙인다. 연탄집게 때문에 생긴 굳은살을 한 달에 한 번씩 제거하면서 시간이 흐른다는 걸 실감한다. 그의 손바닥을 보니, 같은 요리사로서 경외감이 든다. 한 가지 일에 오직 장인처럼 오래 일한 사람들만이 통하는 어떤 표시이자 자랑스러운 옹이다. 야구 선수의 손바닥에 굳은살이 박이듯, 소설가의 손가락에 펜 혹이 생기듯.

연탄 한 장에 580원. 그것이 네 장씩 들어가야 화력이 제대로 살아난다. 480도. 어마어마한 열이다. 나폴리 피자기술자협회에서 규정한 피자 화덕의 표준 화력이 485도. 세상에! 이대현 씨가 그 사실을 알 리 없었을 텐데……. 놀라운 일치다. 피자 화덕의 온도를 규정한 것은 강한 화력으로 구워야 피자의 수분을 지키고 반죽에 탄력을 주기 때문이다. 국내 피자집의 상당수가 이 화력에 절대 못 미친다(전기 오븐은 대개 300도가 마지노선이기 때문이다). 그래서 나폴리 피자 맛이 좋은 것인데. 뜻밖에도 유서 깊은 고깃집에서 고열의 화덕을 보게 됐다.

"열이 세야 고기가 촉촉하게 익습니다. 약하면 말라요. 맛이 없어요. 우리 갈비가 식어도 맛있는 건 센 열 때문이지."

나폴리 피자기술자협회에서 오랜 토론을 통해 정한 화력 485도를 그는 체험으로 규정한다. 연탄이 들어가는 구멍이 두 개인 화덕에 밑불까지 네 장을 다 땐다. 강하면서 은근하다. 그래야 겉은 제대로 불을 받고, 속도 어느 정도 익어간다. 우리가 이 집에서 고기를 구울 때, 꽤 노련하게 계산된 불의 힘이 받쳐주고 있는 셈이다. 자고로 불에서 맛있는 고기가 나온다. 불을 처음 사용한 인류의 조상인 호모에렉투스 이후, 모든 인류의 경험이다. 거기에다 이 어른의 노하우가 덧입혀진 셈이다. 강하면서 은근한 불! 그것은 스테이크를 익힌다. 겉이 바삭하고 강하게 지져지지 않은 스테이크는 맛이 없다. 한국의 은근한 숯불은 그래서 얇게 저민 고기에 알맞다. 서서갈비에서 파는 소갈비는 서양의 스테이크 조리법과 흡사하다. 연탄을 땐 세월은 오래되었다. 분탄

(가루로 공급되던 석탄)을 물에 개어 쓰다가 나중에는 파탄도 많이 썼다. 깨진 연탄을 즉석에서 연탄 모양으로 만들어주는 행상이 있었다. 파탄은 값이 싸서 그도 즐겨 썼다고 한다. 차츰 얘기가 창업하게 된 계기로 넘어간다.

"전쟁이 나고 슝슝 포탄이 그대로 날아왔어. (손으로 가게 밖 대로를 가리키며) 여기 신촌 말이야. 여기에 포탄이 수없이 떨어졌다니까! (상기된 표정으로) 이건 잊을 수가 없어. 어떻게 잊어? 불바다가 되었어."

원래 그의 집은 살 만했다. 그랜드백화점 자리(신촌 로터리 현대백화점 건너편) 뒤쪽 노고산동 102번지에 '개와집'(기와집을 이르는 그의 사투리)을 짓고 살았다. 그러나 1950년 한국전쟁은 그를 고통에 몰아넣었다. 경기도 발안까지 걸어서 온 가족이 피란 갔다가 어머니와 여동생을 잃었다. 다른 이야기인데, 어머니 없는 집이어서 김치 담글 사람이 없었다. 그 때문에 지금도 서서갈비에는 김치나 깍두기 반찬이 없는 전통이 생겼다.

천막 목롯집, 갈비를 팔기까지

서울로 돌아와서 아버지(고 이성칠 씨)가 시작한 일이 목롯집이었다. 먹고살아야 했다. 군용 천막을 치고 막걸리를 팔았다. 당시 우리나라엔 고깃집의 개념이 거의 존재하지 않았다. 고깃집이 아니라 '고기도 파는' 집이 대부분이었다. 기본적으로 양껏 고기를 먹으러 간다는 개념이 별로 없었기 때문이다. 구울 고기가 있으면 설렁탕을 끓여서 열 명이 나눠 먹는 게 일반적이었으니까. 당시에는 그저 격식과 가격에 따른 술집과 음식점의 서열이 있었다. 고기를 전문적으로 양껏 파는 가게는 적었고, 대개는 술집과 식당에서 나오는 안주와 요리의 하나였다고 한다.

"좋은 식당에서 고기를 판 것도 휴전하고 한참 후요. 지금 같은 고깃집이 어디 있어. 우리도 처음에는 잔술에 뭐든 만들어 팔았어. 뎀뿌라(오뎅)도 팔고. 고기는 돼지 껍데기를 팔았어요. 요즘처럼 얇게 뜬 게 아니라 속에 비계가 두툼한 것이었지. 그걸 고추장에 재서 구워 팔았어."

이글이글 장작불에 굽는, 비계가 두꺼운 고추장돼지껍질구이! 그는 고단한 시절을 얘기하지만, 한순간 그게 먹고 싶어진다. 누군가 독자 중에 이런 요리를 팔아보면 어떨까. 맛있겠다. 뚝뚝, 돼지기름이 숯불이나 연탄불에 떨어지고 가게 안엔 연기가 자욱하고.

그러다가 박정희가 5·16을 일으키고 세월이 흐르면서 나라 살림이 조금씩 커질 무렵에 갈비를 굽기 시작했다. 하지만 갈비를 고기다운 고기로 취급하는 분위기는 아니었다. 서울의 우래옥, 한일관, 조선옥 같은 식당에서는 주로 불고기를 팔았다. 고급 요정과 조선 요리를 파는 집들(일제강점기에 '조선요리옥'이라는 보통명사로 불린)에서도 불고기가 대세였지, 갈비는 아니었다고 한다. 양반이 두 손으로 갈비를 뜯는 건 여간 상스러운 일이 아니었기 때문이다(육개장이 따로국밥이 된 것은 양반이 국에 밥을 말아 먹는 것은 상스럽다고 하여 생겨났다는 설과 비슷하다). 갈비로 유명한 조선옥도 본디 갈비탕이 주력이었다고 이 씨는 기억한다.

"갈빗값이 다른 부위의 3분의 1밖에 안 나갔어. 당시엔 싼 부위였지."

이 씨의 진술이 필자의 궁금증 하나를 풀어준다. 유독 우리나라만 갈비가 다른 부위, 이를테면 안심과 등심만큼 비싸다. 유럽이나 미국은 갈비가 고급 부위보다 훨씬 싸다. 왜 우리나라는 갈비가 고급 부위일까 하는 의문을 풀 실마리를 그가 제시한 셈이다. 그러니까 우리나라도 갈비는 쌌던 것이다. 그러다가 어떤 연유로 비싸지기 시작한다.

우리나라에 소갈비 뜯는 문화가 생긴 건 올림픽 이후, 이른바 '가든' 열풍과 과소비가 시작된 시점으로 본다. 수원에서 시작한 소갈비 문화가 서울로 진출한 것이다. 물론 그 전에도 부산에서 시작한 갈빗집들이 서울에 둥지를 틀고 성업한 적은 있고, 수원에 유명한 소갈비집이 있었다. 하지만 주류는 아니었다. 즉, 먹고살 만해진 1980년대 이후 갈비 굽는 문화가 생기면서 갈비가 본디의 가치보다 더 높이 평가받은 게 아닌가 싶다. 뼈에 붙은 고기를 좋아하는 우리 풍습도 사실은 현대에 와서 생겨난 것이 아닌가 생각된다. 물론 자료를 찾아보면, 1950~1960년대에도 갈비 수요는 많았고 인기가 있었다. 다만 지금처럼 아주 비싼 부위는 아니었을 가능성이 높다는 뜻이다.

어쨌든 그는 '저렴한 부위'여서 갈비를 팔기 시작한 것이 사실이고, 이제는 갈비가 고급 부위가 되었다는 역사적 변화가 있다. 그는 예전에 갈비는 팔면 팔수록 손해였다고 한다. 값싼 안주여서 매출에 별 도움이 안 되었다는 것이다. 그래서 소주 한 병에 갈비를 두 대만 제한해서 팔기도 했다. 소갈비가 비싸서 팔수록 매출이 오르는 요즘은 상상도 못할 일이다.

불씨 하나 지키는 게 전부였던 시절

그의 가게는 모두 아홉 번을 옮겨 다녔다. 길을 뚫는다고 해서, 도시계획이 생겨서, 주인이 나가라고 해서……. 지금 자리는 건물을 사들여 영업하고 있다. 더 이상 쫓겨날 염려가 없다.

"이제 쫓겨나진 않게 되었는데, 내가 얼마나 할지 모르겠어. 나도 나이가 많아."

그가 이 노포의 증인이 된 것은 열 살 때. 아버지가 주로 주방

을 맡고, 그는 설거지와 홀 일을 했다. 이른바 '뽀이'나 '하꼬비'로 불렸다. 어린 심부름꾼을 이르는 일본식 말이었다. 아버지가 해장술에 취해 오전에 잠들면 그가 낮 장사를 했다. 예전에는 낮술꾼이 아주 흔했다. 양은솥에 설설 끓는 갈비탕을 무료로 서비스하고, 고기를 구웠다. 갈비탕용으로 '마구리'라고 불리는 갈비짝의 자투리 부분을 잘라 썼다.

"쌀 세 홉을 사려고 열심히 일했지. 그게 있어야 우리 식구가 먹고사니까. 학교? 일해야 하는데, 학교는 무슨."

근처에 서강역이 있고, 일본말로 마루보시라고 불렀던 물자 하역장이 생겼다. 대한통운이 지금 대기업이 된 것도 이 시기의 하역 일 덕분이라고 그는 증언한다. 시멘트와 갱목을 하역하느라 트럭 운전사, 하역 노동자, 막일꾼들이 몰렸다. 자고로 일 있는 곳에 일꾼들이 몰리고, 술집이 번성한다. 그렇게 그의 집 불판에는 갈비가 올라갔다.

"바쁘니까 뚝딱 고기 두어 점 굽고, 막걸리나 막소주 한잔 쭉 마시고 일을 다시 나가니까 서서 먹는 거지."

무허가인 까닭에 툭하면 경찰이 와서 군홧발로 가게를 부수었다.

"쫓겨나면 불씨 하나만 들고 나앉았어. 참, 불씨는 어떻게 그렇게 지켰나 몰라."

그리고 다시 판자로 얼기설기 엮어 무허가로 장사를 했다.

신촌 로터리 근처가 다 호박밭이고 돌밭이던 시절이었다. 지금은 규모 있는 식당이지만, 처음에 서서갈비는 달랑 드럼통 하나였다. 미군이 버린 휘발유 드럼통은 한국 고유의(?) 식탁이 됐다. 물자를 포장한 나무 상자는 판잣집 재료가 되고 드럼통은 식탁이 되었던 그 기막힌 역사가 있었던 것이다. 외국인들이 한국에 와서 신기해하는 것 중 하나가 바로 드럼통 닮은 고깃집의 식탁이다. 이런 슬픈 내력을 그들이 알 리 없다.

상호도 없이 그저 '실비집'이라고 불렀던 그때, 최대 여섯 팀이 이 드럼통을 놓고 화덕에 고기를 구웠다. 여섯 명이 아니라 여섯 팀! 그러니까 화덕 하나에 여섯 무리의 고기가 다 올라간 것이다. 고기가 섞이기도 하고, 먼저 익으면 다른 손님들에게 고기를 밀어주기도 했다. 상상만 해도 훈훈한 장면이다. 그야말로 요즘 유행한다는 커뮤니티 테이블의 진정한 원형인 셈이다.

"그랬지. 멋있고 정겨웠어. '어이 형씨, 이거 한 점 드슈' 그러면서."

각고의 세월, 노포를 지킨다는 것

그는 자신이 지금까지 살아 있는 것이 신기하다고 한다. 너무 가혹한 노동에 손발이 다 붓고 감각이 없었다. 불에 데어도 모를

정도였다. 그래서 '마흔 살이 되면 죽을 것'이라고 생각했다.

"내가 사는 건 벌레였어. 벌레 같았어."

그는 덤덤하게 말했지만, 듣는 필자가 울컥했다. 벌레라니.

"광목으로 만든 홑바지에 저고리 한 벌이 고작이었어. 아버지가 다섯 번을 결혼했어. 그러니까 새엄마가 네 분이야. 아버지가 새엄마를 들이면 나는 방에도 못 들어가고 가게 바닥 널빤지에서 잤지."

지나간 세월이지만, 그에게는 잊지 못할 한이 있어 보였다. 냉큼 화제를 돌렸다. 여기 소갈비는 한 대에 150그램 정량을 오래도록 지켜오면서 값은 2008년 이후 1만 4,000원에 묶여 있다가 2014년에 1만 5,000원으로 인상됐다(지금은 1만 6,000원이다). 국산 육우를 쓰는데, 그걸 감안해도 값이 안 나온다. 싼 편이다. 그는 '대포꾼'(술꾼) 주머니 사정이 빤한 걸 아는데 올릴 수가 없다고 한다. 아침에 갈비 여덟 짝이 들어온다. 한 짝당 30킬로그램쯤 나가니까 250킬로그램 내외가 된다. 그걸 일일이 손질해서 포를 낸다. 옛날식으로 나비 모양의 갈비를 뜬다. 모양이 예쁘다. 과거에는 그가 도끼로 내리쳐서 잘랐다. 한 방에 잘라야 예쁘게 잘린다. 대단한 노역이었다.

갈비 양념도 변천사가 있다. 처음엔 고춧가루를 양념에 썼다고 한다. 조선간장을 썼는데, 너무 짜 물을 타서 비율을 맞췄다. 그러다 아지노모토 간장이라 불렀던 왜간장으로 바뀌었다. 구하기 쉬운 데다 달고 간이 적당했기 때문이었다. 그런데 그는 간장에 푹 담그는 양념 방법을 쓰지 않는다. 가볍게 묻히듯 한 양념 방법이다. 요즘은 양념이 점점 달아지고 오래 담가서 고기를 부드럽게 하는 추세다. 시절이 바뀌면서 입맛도 바뀌기 때문이다. 그는 이른바 '뜯는 맛'이 있는 쪽을 고수한다.

"갈비는 뜯어야 맛이지. 그리고 갈비가 너무 고급화된 것이 불만이야. 갈비라는 게 살이 모자라서 고급 부위인 등심을 붙이고 있으니 말이지."

너무 어린 소를 잡는 문화 때문이라고도 그는 말한다. 나이가 대여섯 살은 되어야 소가 맛있는데, 30개월도 안 된 것을 잡으니(도축장에 가서 취재해보면 16개월령 되는 것들도 꽤 잡는다), 살점 맛이 약하고 흐리다는 것이다. 게다가 농사를 지어야 소의 뼈가 튼실해지고 갈비 맛도 진한데, 농우가 없으니 그런 까닭도 있지 않나 한다. 또 마블링 중심의 고급육 문화도 마음에 안 든다고 한다. 고기의 씹는 맛이 줄어들었기 때문이다.

오후 6시가 되면 문 닫을 채비를 한다. 갈비가 다 떨어지기 때문이다. 밤새 영업해도 손님이 이어질 듯한데 욕심이 없다.

"뭘 더 바라? 이젠 다 됐어. 갈비 양념도 다 알려줘요."

그의 손을 사진작가가 찍으려 하자, 울퉁불퉁한 손바닥이 드러난다. 오래된 사진을 달라고 하니, 그가 쓸쓸해한다.

"먹고사느라 사진 찍을 틈이 없었네. 옛날 사진이라곤 한 장도 없어, 허허."

그가 언제까지 서서갈비를 지킬지 모르겠지만, 아마도 우리 최후의 서서 먹는 집으로 남을 것 같다. 길을 나섰다. 가게 밖으로 고기 굽는 연기가 뿌옇고 진하게 피어올랐다. 그는 여전히 가게의 좁은 부엌에서 일하고 있었다.

상호 연남서서갈비 **창업 연도** 1953년 **창업주** 이성칠 **주소** 서울 마포구 백범로2길 32(노고산동 109-69) **문의** 02-716-2520 **대표 메뉴** 갈비 / 연탄의 센 화력으로 구워진 갈비는 육질의 촉촉함과 향기를 더욱 살려준다. **가격** 1만 6,000원

고단한 노동을 정신력 하나로 버티다

• 제주 광명식당 •

"

집에 있으면 아파서
차라리 나오는 게 낫고예.
추석하고 설에만 쉬었수다.

"

창업 연도 : 1964년

요즘 들어 제주 음식이 다양하게 소개되고 있다. 좋은 바다를 끼고 있어 해산물이 풍부하니, 역시 해산물 요리를 찾는 이가 많다. 또 제주 하면 돼지라고 해서 다양한 요리를 즐긴다. 구이는 물론이고 뭍에는 없는 제주의 명물 고기국수도 인기가 있다. 제주는 돼지를 구이보다는 주로 삶아서 먹었다. '큰일'이라고 부르는 상(喪)이나 혼사에 반드시 돼지를 잡았고, 이것을 삶았다. 그런데 돼지를 삶을 때 두 가지 주요 부산물을 먹게 된다. 하나는 돼지 뼈에 해조를 넣고 푹 끓인 몸국이요, 다른 하나는 순대다. 우리는 순대를 찾아가 보기로 한다.

제주 아낙들의 음식, 순대

동문시장은 제주에서도 가장 크고 번성한 시장이다. 뭍의 여러 재래시장들이 마트의 공세 속에 힘을 잃어가고 있지만, 동문시장은 윤기가 자르르 흐른다. 해산물과 온갖 과일류를 사는 관광경기가 받쳐주고 있는 데다, 무엇보다 제주 시민들의 장보기 코스이기 때문이다. 이 시장 한쪽에 '전설적인' 순댓국집이 있다. 바로 광명식당이다.

"뭐 볼 게 있수까. 순대 만드는 거 볼라믄 아침 일찍 옵서."

찾아가겠노라는 전화를 걸었더니 제주답게 투박한 대꾸다.

이 집의 역사를 만들어가고 있는 진순복 씨다. 옛 제주 여자들에게서 귀에 부드러운 말을 듣기 어려운 건 그 특유의 말씨도 그렇지만, 억세고 살림 잘하는 이곳 여자들 특유의 응대 같다고 여기는 이들이 많다. 일찌감치 동문시장을 걸터듬어 식당에 찾아든다. 마침 이 집안의 맏며느리가 순댓국을 끓이면서 순대도 연신 찌고 있다. 점심시간이 채 되기도 전에 들이닥칠 손님 맞을 준비를 하고 있는 것이다. 이 집의 손님은 관광객과 현지인이 반반이다. 관광객에게는 근자에 인터넷을 통해 알려졌지만, 현지인들에게는 광명식당의 명성이 이미 오래전 익숙한 일이 됐다.

"어머니는 곧 나옵니다. 지금 식사는 안 되고에."

'~에' 또는 '~예'로 딱 끊어지게 맺는 제주 특유의 말씨다. 그러면서 연신 순대를 썬다. 보통 우리가 보는 순대와 사뭇 다르다. 울퉁불퉁한 게 불규칙하게 만들어졌고, 대창을 써서 아주 굵다. 보기만 해도 군침이 돈다.

"매일 내장을 손질하고 뭐 그렇수다. 돼지는 어음이라고, 도축장에서 받어예."

제주에서 순대는 간식이 아니라 잔치와 연결되어 있는 중요한 음식이다. 제사상에도 똬리를 튼 순대를 올릴 정도다. 경조사에 돼지를 잡을 일이 많고, 순대는 아낙들이 만드는 중요한 음식이다.

우리나라에서도 개봉한 기타노 다케시 주연의 영화 〈피와 뼈〉는 일본에 정착한 제주 출신 인사의 일대기를 다루고 있다. 여기서 돼지 잡는 장면이 나온다. 주인공 김준평은 돼지 배를 가름으로써 자신의 정치적 지위를 확인한다. 그리고 이어지는 장면이 흥미로웠는데, 아낙네들이 모두 모여 돼지 피로 순대를 만드는 모습이었다. 이런 장면은 제주 출신들에겐 아주 자연스럽다. 지금도 마을마다 직접 돼지를 잡고 순대를 만드는 곳이 있다고 한다.

"할망이 주도하고예, 여자들은 모두 모여 순대를 만듭니다. 이제는 주로 사서 쓰고, 직접 만드는 동네는 드물고예."

제주는 결혼식을 3일에 걸쳐 하는 것으로 유명하다. 신부, 신

랑 댁이 각각 3일간 잔치를 치른다. 그 잔치의 핵심이 바로 돼지다. 보통 대여섯 마리의 돼지를 잡아 삶고 순대를 만든다. 이 잔치는 제주 사람의 영혼 같은 것이어서 지금도 거의 유사하게 치르고 있다.

"신랑 쪽에서 신부 쪽에 돈을 주고예, 도감비를 주는 것이고예. 돼지는 남자들, 청년회에서 합니다. 잡아서 삶기까지가 남자들 일이고예."

요즘 시세로 대략 20만 원의 돈이 오간다고 한다. 도감이란 제주 행사에서 필수적인 인물이다. 원래는 마을의 수장 격인 인물이었으나 근자에는 행사에서 고기를 준비하고 직접 썰며 분배도 한다. 뭍의 시선으로 보면 그깟 고기 써는 역할이 무어 그리 대단하겠는가 하고 생각하겠지만, 제주민에게는 잔치의 8할이 도감이라고 해도 될 만큼 중요한 일이며 직책이다. 도감은 원래 남자가 했는데, 요즘은 여자도 할 수 있다. 제주민이 이처럼 좋아하지만, 돼지는 절대로 흔한 고기가 아니었다. 그래서 '얇고 정확하게' 고기를 자르는 일이 중요했다고 한다. 분배가 도감의 중요한 임무가 된 건 그런 까닭이다.

🙝 토렴의 예술이 만들어낸 명품 순댓국

진순복 씨가 도착한다. 서글서글한 인상이다. 방문을 저어했던 전화기 너머의 목소리와는 다르다. 듣기에는 식당을 상대로 워낙 잔돈(?) 뜯기를 하는 각다귀들이 많아서 전화로는 퉁명스러워지는 것 같다. 얼굴을 대하고 말을 전하니, 반갑게 맞아주신다.

"이 가게가 몇 년 됐는지도 잘 모르우다. 한 50년 된 줄 알았는데, 어떤 노인 손님이 60년이 넘었다, 그렇게 기억을 하니 그런가 보다 하고."

노포라면 햇수가 중요한데, 그이에겐 별로 중요한 일도 아닌 것처럼 말한다. 하기야 우리가 언제부터 노포 개업 햇수를 세었던가. 오래된 식당, 대를 물리는 식당이라는 것도 근자에 와서 생겨난 개념이다. 공식적으로는 1964~1965년 정도에 시작한 것으로 되어 56년이고, 비공식 71년이 이 가게의 업력(業歷)이다. 주변 인사는 후자가 맞을 거라고 확신한다. 진순복 씨 시어머니(고 김순심 씨)의 증언이 있고, 여러 방증도 많다. 어쨌든 당사자들은 그다지 관심도 없지만.

"시집와서 보니 양철 지붕이고, 이 골목에 국밥집이 많았수다. 가게가 겨우 세 평 반인가 했고. 뭐, 살다 보니까 유명해지고, 이런 허름한 국밥집에 기자들이 찾아오고."

원래 순댓국밥이라 안 부르고 그냥 국밥이라고 했다. 제주에는 다양한 국밥이 달리 없던 때라 국밥 하면 순댓국밥이었다. 어느새 아들 광일 씨가 나와서 일을 거든다. 일찍이 지역에서 대학을 졸업한 후 이 식당에 투신해서 경력이 꽤 붙은 차남이다. 그는 제주시에서 대물림 인가를 받았다. 시 당국은 업력 30년 이상이고 요리 기술 전수가 2년 이상 되면 대물림 맛집으로 인정하고 지원하는 정책을 펴고 있다. 물론 광명식당은 그 기준을 이미 오래전에 넘어섰다.

우선 순댓국밥 한 그릇을 청한다. 건더기 고명이 수북하고 밑에 밥이 깔려 있는데, 토렴이 예술이다. 건더기 고명 양이 많아서 같이 데우려면 열 번에 이르는 국자질을 해야 토렴이 완성된다. 적당히 뜨끈한 국밥이 식욕을 자극한다. 국물이 무척 진하다. 이곳 표현으로는 바특한 국물을 '딸린다'라고 한다. 아마도 달였다는 뜻인 듯싶다.

곁들이는 찬은 소박하다. 내장을 따로 삶아내는 안주를 하나 청한다. 새끼보와 머리 고기가 그득하게 들었고, 아주 맛있다. 찍어 먹는 장도 시어머니 시절부터 만들어 쓰던 것이다.

"우리 식구들도 아침마다 국밥 먹고 일햄수다."

노포의 한결같은 공통점! 자신이 파는 음식을 늘 먹는다.

하루에 50마리분, 장인의 솜씨로 만들다

"낭으로 불 때고 국밥을 끓였수다. 부두 노조 밥해주는 게 일이었고. 그 후에는 19공탄을 한 20년 땠을 거우다. (웃음)"

낭이란 나무라는 뜻이다. 그때 국밥은 100원도 하지 않았다. 1960년대의 일이다. 그이는 시어머니를 여의고 혼자 한 지 40년이 넘었다.

"옛날엔 여기 복개도 안 되고, 아무것도 없을 때였고."

그때는 순대국수라는 것이 있었다. 그릇에 국수를 놓고 밥 놓고 그 위에 고기를 놓았다. 전통 음식이라기보다는, 쌀이 귀했던 시절에 끼니를 이어가던 한 방편이었을 것이다. 전쟁 이후 미

국 원조로 밀가루가 아무래도 흔했으니까 말이다.

"그때 국밥은 아주 그릇이 커서 양푼이었어. 지금 뚝배기 두 배 정도 됐수다. 많이 먹었지."

배고프던 시절이니 양도 컸으리라.

"밥누렁지(누룽지)도 넣고 뭐 양이 중요했으니까."

시어머니와 함께 일하던 때는 순댓집이라는 게 없었다고 한다. 순대는 마을에서 행사 때 직접 만드는 것이었다. 그러니 사 먹을 일이 없었다. 나중에야 순댓집이라는 게 생겼고, 시어머니도 주로 돼지 부산물을 넣은 국밥을 팔았다. 1970년대 이후에 본격적으로 순대를 팔기 시작했다고 한다.

"내장이 싸니까 그걸로 국을 끓이고 그랬수다. 그때는 잠도 거의 못 자고 일을 했지. 밤에는 순대 만들고, 새벽같이 나와서 밥 팔고."

이렇게 술회하다가 마침 거래처 상인이 지나가자 그이는 "내일 선지 두 통!" 하고 소리쳤다. 순대 만들 때 쓸 피를 말하는 것이다.

"그때는 찹쌀이 비싸서 순대에 안 넣었고예. 보리쌀하고 좁쌀을 썼수다."

이 집에서 쓰는 돼지 내장이 하루에 50마리분. 엄청난 양이다. 그렇게 받은 내장을 순대로 만들려면 밀가루로 바락바락 씻어내야 하는데, 정말 고단한 노동이다. 그렇게 만든 순대를 킬로그램당 1만 3,000원을 받고 팔기도 한다. 고단한 노동력이 들어간 장인 솜씨의 순대치고는 너무 싼 값이다.

◇ 순대, 배 속을 기름지게 채우던 추억의 음식

필자는 서양에서 요리 공부를 한 터라 그 식문화를 한국과 비교해보는 경우가 잦다. 순대도 그렇다. 소시지를 순대라고 번역할 수 있을 텐데, 뭐랄까 딱 아귀가 맞아떨어지는 건 아니다. 무엇보다 우리 순대가 갖는 특징 때문이다. 서양 순대는 그 이름이 살라미(salami), 부댕(boudin), 소시송(saucisson), 살치촌(salchichon)이다. 나라별로 그렇다. 만드는 법은 비슷하다. 고기와 허브, 스파이스와 소금의 조합물인 반면, 우리 순대는 곡물과 양념, 돼지의 피를 주로 넣는다. 돼지고기가 더 귀한 탓으로 보인다. 어쨌든 이런 발전의 역사는 순대를 더 싸고 푸짐하게 먹을 수 있도록 만들었다. 내용물의 차이가 있지만, 한 끼니의 순대를 5,000원이 안 되는 값에 해결할 수 있다는 것은 우리 순대의 특징을 잘 보여준다. 원래 순대에는 곡물을 넣었는데, 당면의 부산물을 넣으면서 더 싸지고 흔해졌다. 당면 순대는, 이제 먼 훗날까지 한국의 대표 순대다. 그래서 이 집의 곡물 순대는 더 귀하게 여겨진다.

한국에서 순대는 그야말로 흔한 음식이다. 집에서 만들지는 않지만, 외식 품목으로 몇 손가락 안에 들 것이다. 시장에는 어디든 순대 골목이 있고, 시중에서도 순댓국밥을 파는 집을 찾는 건 어렵지 않다. 그런데 놀랍게도 우리 역사에서 순대는 그 근원을 찾기 어렵다. 과거 요리를 다룬 조선 시대 후기의 책에 '슌대'라고 적혀 있기는 하지만, 시중 언어로는 잘 안 보인다. 심지어 〈동아일보〉 기사 검색을 해보면 '순대'라는 말이 등장하는 건 1962년 3월 14일자가 최초다. 김환기 화백이 노르망디의 소시지 요리를 소개하면서 '순대튀김'이라고 쓴 것이 처음이다. 우리의 일상식인 순대가 뒤늦게 언론에 등장했다는 것이 이해되지 않는

다. 참으로 미스터리한 일이다. 그러다 1970년에는 아주 흔한 용어가 된다. 왜 갑자기 순대가 이처럼 흔한 음식이 되었을까.

최초의 한글 조리서인 《음식디미방(飮食知味方)》(1600년경)에는 개 창자를 이용한 순대, 《주방문(酒方文)》(1600년대 말엽으로 추정)에는 소 창자에 선지를 넣은 순대, 《규합총서(閨閤叢書)》(1809)에도 소 창자를 쓴 순대가 등장한다. 그런데 이 책들은 모두 순대라는 말을 쓰지 않는다. 개장[狗腸], 우장증(牛腸蒸) 등의 말을 사용하고 있다. 그러다 《시의전서(是議全書)》(1890년경 기록을 1919년경에 다시 베껴 쓴 것으로 추정되는 책)에 이르러서야 '도야지 순대'라고 하여 순대라는 용어가 나온다.

> 창자를 뒤집어 깨끗이 빤다. 숙주, 미나리, 무는 데쳐서 배추김치와 함께 다져서 두부와 섞는다. (여기에) 파, 생강, 마늘을 많이 다져 넣고 깨소금, 고춧가루, 후춧가루 등 갖가지 양념을 많이 섞어 피와 함께 주물러 창자에 넣고 부리 동여 삶아 쓴다.
>
> _《시의전서》(1919)

이 요리는 요즘 순대와 매우 흡사하다. 돼지 창자에 돼지 피·숙주·미나리·무·두부·배추김치 등을 섞어 만든 소를 넣어 삶으라고 되어 있다. 개고기는 음성화되면서 더 이상 순대로 만들어지지 않는다. 《음식디미방》은 전형적인 반가 요리를 소개하고 있는데, 개고기를 쓰고 있어 이채롭다. "개를 삶아서 살을 발라 갖은 양념을 하여 창자를 씻어서 가득 담고 시루에 뭉근한 불로 쪄서 어슷어슷 썰고 초와 겨자를 곁들여 먹으면 맛있다"라고 쓰고 있으니 순대와 꽤 비슷하다. 초와 겨자는 오늘날 보신탕에 들어가는 주 양념인데, 그 시절에도 비슷한 양념을 쓰고 있었다는 것이 특이하다. 다음 글은 훨씬 더 구체적이다.

> 순대국은 도야지 살문 물에 기름은 건저 버리고 우거지를 너어서 끄리면 우거지가 부드럽고 맛이 죠흐나 그냥 국물에 내장을 써러 너코 젓국 처서 먹는 것은 상풍(常風)이요 먹어도 오르내기가 쉬웁고 만이 먹으면 설서가 나나니라.
>
> _이용기, 《조선무쌍신식조선요리제법(朝鮮無雙新式料理製法)》(1936년판)

어렸을 때 엄마 치마꼬리를 잡고 시장에 가면 한 가지 기대가 있었다. 장을 본 다음 엄마의 단골집에서 순대 몇 점 얻어먹는 것이었다. 우거지로 끓인 탕이 공짜로 나오고, 숭덩숭덩 썰어 고춧가루 섞인 소금에 찍어 먹는 순대가 그리도 맛있을 수가 없었다. 간과 귀도 곁들여 나오고 간혹 염통도 한 점 씹었다. 고기 먹기 어려웠던 시절, 순대가 없었으면 무엇으로 기름기에 대한 우리의 간절한 열망을 채울 수 있었겠는가. 순대는 가장 적은 돈으로 기름지게 배를 채울 수 있는 음식이었다. 광명식당의 순대

한 그릇에서 어린 시절의 추억이 슬라이드처럼 스쳐 지나갔다.

"집에 있으면 아파서 차라리 나오는 게 낫고예. 추석하고 설에만 쉬었수다."

휴일이 거의 없는 이 살인적인 노동을 그저 칭송만 할 수 없다. 고단한 저 시간들을 누가 보상하나 싶다. 그래도 깊게 웃어주신다.

제주 돼지 순대(현지어로 돗수애)는 몽골에서 전래했다는 설이 있다. 그것이 어찌 되었든 이 노곤한 노동의 음식 한 그릇은 제주의 영혼을 담고 있다. 적어도 우리 생에 이 집의 순대를 먹는 건 어렵지 않을 것이다. 그러고 보면 대를 물린다는 건, 여럿이 행복한 일이다.

상호 광명식당 **창업 연도** 1964년 **창업주** 김순심 **주소** 제주 제주시 제주시 동문로4길 9(일도1동 1103) **문의** 064-757-1872 **대표 메뉴** 순댓국밥, 순대백반, 순대, 내장국밥, 족발 / 제주의 토속적인 맛을 느낄 수 있는, 진한 국물 맛의 순댓국집이다. **가격** 7,000~2만 원

2부

결국 사람의 일, 신뢰가 기본이다

오래된 식당을
지탱하는 관계의 힘

노포가 무엇으로 완성되느냐고 묻는다면 단연코 '사람'이다. 식당이 장수한다는 건 직원들과 거래처와 손님들과 좋은 관계를 유지했다는 뜻이다. 40~60년을 넘나드는 직원들의 근속 연수, 거래처는 여간해선 바꾸지 않고 값도 깎지 않는다는 것이 거의 모든 노포의 공통점이었다. 주인의 인덕은 고스란히 가게의 업력으로 이어진다. 사람을 효율로 보지 않는 이들의 진심이 깃든 경영 철학은 오늘날에 시사하는 바가 크다.

서울 열차집

서울 용금옥

서울 문경등심

부산 마라톤집

서울 부원면옥

서울 청진옥

대를 이어
탕이 끓는 집,
가게의 의미를 넘어서다

• 서울 청진옥 •

"

아버지 상을 모시면서도

솥은 계속 끓였습니다.

"

창업 연도 : 1937년

설설 끓는 무쇠솥, 김이 허옇게 오르는 뚝배기, 그리고 한 그릇의 해장국. 우리 음식의 상징으로 가장 먼저 꼽히는 음식이다. 해장국은 국물 중심의 한국 요리에서 고단한 세월을 드러내는 음식이기도 하다. 뭐랄까, 노동하는 사람의 이미지를 가지고 있기 때문이다.

청진동은 서울 토박이는 물론이고, 강북의 도심에서 생활한 수많은 시민들의 애환이 녹아 있는 땅이다. 한국의 재벌과 은행들이 이 동네 근처를 거점으로 성장했고, 지금도 한국 역사 1번지에 기꺼이 올라갈 만한 곳이다. 일제강점기에 피폐된 민족자본이 그나마 버텨온 곳도 여기다. 이 동네에 청진옥이 있다. 1937년에 창업한 이후 우리 요식업계의 산증인으로 꿋꿋이 버티고 있는 식당이다.

"지금도 피맛골 근처를 지나갈 일이 있으면 일부러 빙 돌아갑니다. 도저히 두 눈으로 볼 수가 없어요."

청진옥의 3대 주인 최준용 씨의 말이다. 청진옥에 무슨 일이 있었던 것일까.

청진옥, 피맛골 재개발의 쓰라린 흔적

1981년, 청진옥이 둥지를 튼 피맛골 일대에 재개발 계획이 세워졌다. 피맛골은 보통 종로 1가에서 3가에 이르는 대로의 아래위 뒷길로, 조선 시대에 고관들이 말을 타고 지나갈 때 백성들이 그 행차를 피한다고 하여 이름 붙인 역사적 지명이다. 피맛골에는 조선 시대부터 이어져온 민중의 삶이 녹아 있다. 이곳을 재개발하면서 지하에서 수많은 역사 유적이 나왔다. 멀리 보면 고려 시대에 이미 '남경(南京)'이라고 하여 도시가 성장했으므로, 고려 시대 이후의 역사 장소로 보아도 무리가 없을 것이다. 이런 상징성 때문에 시민들의 반대로 연기되다가 2004년 르메이에르(피맛골 자리에 들어서 빌딩) 종로타운이 착공되면서 지금에 이르고 있다.

"아시다시피 상권이 파괴되었어요. 손님이 전체적으로 다 줄었고, 임대료도 올랐지요. 저희처럼 원래 자기 집을 가지고 있던 사람들은 더 황당하지요. 선대로부터 물려받은 멀쩡한 집 대신 임대료를 내고 장사를 하니 불안합니다."

최 씨는 일종의 트라우마를 호소한다. 고향이 흔적도 없이 사라지면, 살아남은 자들에게는 멍에가 얹어진다. 그것은 인간의 보편적인 감정이다. 청진동 89번지. 토지 도면에 지번은 버젓이 살아 있지만, 그에게 진짜 89번지의 물리적 기억은 사라진 셈이다. 살림집과 가게가 한데 붙어 있어서 그는 젖먹이 시절부터 가게와 함께 자랐다.

"2008년 8월 3일 오후 5시. 청진옥이 본래의 자리에서 사라지던 순간이지요. 어떻게 그날을 잊을 수 있겠어요."

청진옥
CESCO
해
장

그래도 다행인 점은, 탕이 다시 끓고 있다는 사실이다. 그는 사라지는 집에서 탕을 끓이는 솥과 육수, 뚝배기를 가지고 지금의 새로운 자리로 왔다. 일종의 씨 육수랄까, 오래된 장국을 끓이는 집은 육수를 완전히 소진하지 않는 경우가 많다. 일정량을 남겨두었다가 거기에 새로운 육수를 계속 보충해가며 탕을 끓인다. 서양 사람들의 사고방식으로는 도저히 이해할 수 없는 요리법이다. 그것이 한국적 탕 맛을 지키는 비결인데 말이다. 집에서 제아무리 탕을 잘 끓인다 해도 사 먹는 해장국 맛이 나지 않는다고 하는 이유가 거기에 있다.

"6·25전쟁 때 대구로 피란 가서도 조부모님이 거기서 탕을 끓여 파셨다고 합니다. 전쟁 같은 상황에서도 탕 끓이는 불을 안 끄려고 하셨던 것이지요. 할머니 발인 날 말고는 불을 끄지 않았어요. 아버지 유언이 뭔지 아세요?"

그는 잠시 말을 멈추었다. 필자도 마른침을 삼켰다.

"불을 끄지 말고, 계속 영업하라는 것이었습니다. 아버지는 청진옥을 정말 사랑하셨지요. 그래서 아버지 상(喪)을 모시면서도 솥은 계속 끓였습니다. 가게 문을 열고 있었던 것이지요."

청진옥 정도 되면, 그것은 영업 행위를 하는 일개 가게의 의미를 넘어선다고 필자는 믿는다. 도쿄와 런던, 밀라노와 파리에 있는 노포들이 영업장으로 지금까지 남아 있는 것이 아니듯 말이다. 그 자리에 머물렀던 수많은 묵객과 예술인, 정치인, 철학자의 역사로서 그 가게들은 도시와 국가의 상징이 되었다. 사르트르가 토론하던 카페, 헤밍웨이가 한잔 하던 술집……. 도시는 그런 자리를 '판다.' 우리도 외국에 가서 그런 곳에 비싼 값을 치르고 들른다. 박태원의 단편소설 〈소설가 구보 씨의 일일〉에는 허다한 역사 장소가 나온다. 설렁탕집으로는 대창옥이 등장한다. 하지만 우리는 그 식당의 위치만 짐작할 뿐, 가볼 수 없다. 사라졌기 때문이다.

청진옥은 1937년 창업 이후, 모든 물자가 다 말라버려 일제가 폐업령을 내린 태평양전쟁 시기와 한국전쟁 때 피란 시기를 맞아 어쩔 수 없이 불을 끈 적을 빼고는 아궁이에선 늘 해장국을 끓였다. 통금이 있던 1970년대에도 누군가는 남아서 불을 지폈다. 새벽 4시에 다시 찾을 손님들을 맞기 위해 밤새 국솥은 끓었던 것이다.

일꾼들이 먼저 찾던 음식, 해장국

청진옥은 최동선, 이간난 부부가 창업했다. 바로 얼마 전까지 건재했던 청진동의 그 자리다. 그 후 아들 최창익, 김재인 부부에게 이어지고, 그들의 아들 최준용 씨에게 솥 관리의 책임이 넘어갔다. 부친 최창익 씨는 2005년에 작고했다. 최준용 씨는 회사

를 다니다가 물려받았는데, 원래 청진옥의 경영을 맡으리라고는 상상조차 하지 못했고, 부친이 대를 물릴 생각도 별로 하지 않으셨다고 한다. 부친이 투병 중에 자연스레 가게에 나왔다가 얼떨결에 눌러앉게 되었다.

"어머니(김재인 씨)는 건재하십니다. 가끔 가게를 보러 오시지요."

조부 최동선 씨는 일제 때 경성농업학교를 나와 관청에서 일하던 소위 '인텔리'였다. 그러나 일제 치하에서의 차별 대우를 참지 못하고 결국 관청을 나와 자립한다. 청진동 일대에서 시금치, 마늘 같은 채소를 팔다가 천막을 치고 처음 식당을 하게 됐다고 최준용 씨는 증언한다.

“떡국집을 하셨어요. 조부님의 인터뷰를 다룬 신문 기사를 보면 동대문에서 얼음을 떼다가 냉면도 팔고 그러셨더군요. 그 후에 해장국집이 들어서게 된 거죠.”

처음 옥호는 평화관이었다. 해방 후에 청진옥으로 개명해서 오늘에 이른다. 오래전부터 청진동 일대, 지금의 종로구청 자리는 나무장이 서던 자리였다고 한다. 당연히 새벽부터 사대문 밖에서 나뭇짐을 이고 온 일꾼들로 득실거리고, 그들이 한술 뜰 밥집이 필요했으리라. 자연스럽게 청진옥이라는 역사가 만들어진 배경이었다. 종로와 남대문로에 나무가 산처럼 쌓여 사람들로 바글바글했다고 한다. 당시 나무에만 의존했던 연료 사정에서는 당연한 일. 그들이 먹는 음식이 바로 해장국이었다.

해장국이란 술 마신 후 먹는 국이라는 뜻으로 회자되지만, 원래는 일꾼들의 노동 음식이었다. 그 후 해정갱(解酲羹)이라고 불리다가 지금의 해장국이 되었다. 해정이란 문자 그대로 취기를 푼다는 뜻이고, 갱은 국이나 찌개를 뜻한다. 또 청진동 인근에는 여러 계급의 관료들과 서울 토박이들이 살았다. 그들 역시 해장국을 찾았을 것이다. 이들도 청진옥이 해장국집으로 번성하게 된 주요 배경이 된다. 소비처가 있으면 누군가는 공급을 하는 법이다.

한국에만 존재하는 토렴의 역사

해장국이 한국처럼 다양한 나라는 지구상에 없다. 본디 해장이란 수분을 보충해야 가능하다. 알코올이 몸속의 수분을 빠르게 소모시키기 때문이다. 그 때문에 한국 말고도 세계적으로 해장에는 다량의 수분이 유리하다고들 한다. 그런데 한국은 해장국의 왕국이다. 유달리 술을 좋아하는 성정에다가 늘 상에 국물이 오르는 식습관 때문이다. 청진옥의 해장국은 그 많은 해장국 중에서도 서울의 대표 격으로, 된장 푼 물에 소 내장과 뼈, 고깃점, 콩나물, 배추(우거지)로 이루어진 음식이다. 때론 선지를 넣기도 한다. 자극적인 조미료 맛 대신 순하고 개운한 맛을 낸다. 밥을 적당히 말아 속을 든든히 채운다.

해방 전후에는 자기가 먹을 찬밥을 가지고 이 집에 오는 풍경도 흔했다. 그 밥을 받아 뜨거운 국물에 여러 번 헹궈 따뜻하게 한 후 국물을 말아냈다. 그걸 '토렴'이라고 한다. 세계 음식사에서 찾기 어려운 독특한 요리 기법이다. 보온 밥솥이 없던 시절, 아침에 해둔 밥은 식게 마련이었다. 이것을 그대로 국에 넣어 말면 전체적으로 국물이 미지근해지고 맛이 떨어진다. 그러나 찬밥에 뜨거운 국물을 여러 번 부었다 헹궈내기를 반복하면 밥알 속까지 따듯해지면서 국밥의 온도가 먹기 적당하게 변하는 것이다.

토렴에는 또 다른 맛의 비결이 숨어 있다. 뜨거운 밥을 그대로 말면, 전분이 녹아 국물이 탁해져서 맛을 버리게 된다. 오히려 밥이 적당히 식어서 단단해진 다음 토렴하면 온도도 맞고, 밥 알갱이의 씹히는 맛도 살아 있는 최상의 상태가 된다.

요즘은 유행이 바뀌어 이 집에서도 토렴은 거의 없고, 밥을 말지 않고 내는 '따로'가 표준이다. 토렴한 국밥은 일하는 자의 음식이라는 상징성이 강하다. 너무 뜨거운 탕국밥은 빨리 먹고 일해야 하는 일꾼들에게 적합하지 않았을 것이라고 음식 사학자들은 고증한다. 그래서 토렴하되, 국물이 밥의 끈끈한 전분 기운 때문에 탁해지지 않도록 찬밥으로 하면서 따뜻하게 곧바로 먹을 수 있는 온도로 데워냈던 것이다.

해장국의 기본은 당연히 된장이다. 그런데 취재를 하다 보니 재미있는 역사가 나온다. 지금처럼 대량으로 생산하는 된장 공장이 없을 때 해장국집에서는 어떤 된장을 구해 썼을까. 묵은 된장이 정답이다. 동네를 돌면서 된장을 사들였다는 것이다. 서울 토박이로 서울 풍속사의 대가인 조풍연 선생은 회고에서 "자기 집의 된장이 맛이 없다 하여 내다 팔면 그것이 술국집으로 가고, 그것을 내다 판 사람이 다시 사 먹고는 맛이 있다 하는 사례가 많았다. 일찍 등교하는 학생을 위해 냄비에 국만 받아다가 찬밥을 토렴해주는 일은 서울 사람한테는 예사로 있는 일이었다"라고 전하고 있다.

얕은수는 손님이 먼저 안다

최초로 고기를 구워 먹었다고 하는 현생인류의 조상인 호모에렉투스 이후 서양 음식의 상징은 로스트나 스테이크가 되었다. 반면 중국을 비롯한 아시아 지역은 국과 밥이 그 상징이 되었다. 중국《예기(禮記)》에 국을 양, 밥을 음이라 칭한 걸 보면, 음식의 기본 구조를 이 두 음식으로 보고 있음을 알 수 있다. 우리 민족은 국에 대한 집착이 매우 강했다. 그런 까닭에 지금도 국 없으면 밥을 못 먹는다는 사람이 적지 않다. 경상도에서 흔히 '좀 끓인다'라는 말은 곧 요리를 잘한다는 말을 의미한다. '국=끓이기=요리의 핵심'이라는 등식이 성립될 수 있다.

그런데 그중에서도 국밥은 한국 요리의 중요한 상징, 특히 민중 음식의 핵심으로 자리 잡고 있다. 국밥은 가장 빠르게 완전식을 섭취할 수 있는 방법이다. 탄수화물, 단백질, 지방, 섬유질, 소금을 섭취할 수 있다. 일하는 사람들의 식사로 이만한 것이 드물다. 서양에서도 유사한 예를 찾아볼 수 있다. 서양의 수프는 흔히 크림 형태로 알고 있지만, 실제로는 채소와 고기를 삶은 국물이 더 많다. 사람들은 여기에 마치 밥을 말듯 빵을 뜯어 넣고 한 끼를 때웠다.

여기서 주목할 것은, 이들이 먹는 빵이 차갑고 딱딱한 빵이라는 사실이다. 유럽에서 언제든 따뜻한 빵을 먹을 수 있는 계급은 귀족 정도였다. 빵을 굽는 오븐이 있는 경우가 드물어 한 번에 많은 양의 빵을 사들이거나 공용 오븐에서 대량으로 빵을 구웠다. 보관해둔 딱딱해진 빵을 먹기 위해서는 뜨거운 수프나 물이 필요했다. 지금도 유럽 몇몇 지역에서는 그냥 물에 빵을 적셔 먹는 식사법을 지키고 있다.

이 땅에서는 수프가 바로 국이고, 식은 빵 대신 식은 밥을 넣어 먹었다. 국에 밥을 마는 행위는 가정과 저잣거리의 국밥집에서 동시에 이루어졌다. 특히 근대에 이르러 노동자계급이 본격적으로 출현하고 상업이 활발해지면서 국밥의 효용은 최대치가 됐다. 빨리 먹고 일하기에 국밥만 한 것이 없었다. 국밥은 토렴이라는 민족 독자적인 기술을 만나 화려하게 음식사에 등장한다.

그리고 청진옥이라는 오랜 노포의 존재로 남아 있다.

그런 해장국 맛의 비결이랄까, 조금 한심한 질문을 던져보았다. 돌아온 그의 대답은 묵직했다.

"기본을 지키는 것이지요. 하다못해 소뼈 씻고 피 빼는 일도 항상 똑같이 해야 합니다. 좋은 재료는 손님을 지켜준다, 이 말이 아버지 말씀이었어요. 그게 선순환이라고 할 수 있습니다. 얕은 수는 손님이 먼저 다 알게 됩니다."

해장국의 도시, 서울과 인천

설렁탕, 곰탕과 함께 한반도의 3대 국밥이 바로 해장국이다. 아마도 우리 민족은 2,000년 전부터 밥과 국으로 이루어진 식사를 했을 것으로 고고학자들은 추정하고 있다. 중국의 기록을 보면 서기 500년경에 이미 국밥이 나온다. 중국은 현재 국밥 문화가 쇠퇴했으나 한국에서는 여전히 확고하게 자리 잡고 있다. 음식학자들은 우리 국밥 문화는 조선조에서 역참(驛站) 조직에서 밥을 말았을 것이고, 임란 이후에 생산력이 증가하면서 시장이 번성하고 상인들의 잦은 이동 때문에 국밥도 성장했을 것으로 보고 있다. 옛 지도를 보면, '주막'이라는 말이 자주 나온다. 바로 이것을 보고 사극에서 주막을 재현하고 국밥 먹는 장면을 넣었다. 실제 그랬을 것이다. 나라에서 운영하는 역참에서 객주나 주막이 활성화되었다. 조선은 제사가 많아, 소를 잡았다. '소=경운기'이므로 평소에는 도살을 억제했지만, 명절에는 특별 허가를 내려 소를 잡았다. 쓰고 남은 내장과 뼈는 시장에서 가져갔을 것이다. 그리하여 설렁탕과 곰탕, 해장국이 성행하게 되었을 것이라고 추측하고 있다. 이처럼 소고기에 맛을 들인 우리 민족은 소를 많이 잡았는데, 실학자 박제가는 저서《북학의(北學議)》(1778)에서 "조선에서는 매일 소를 500마리 잡는다"라고 쓰고 있다. 역축으로 요긴한 소를 그렇게나 많이 잡을 만큼 조선 사람들의 소고기 사랑은 대단했고, 당연히 부산물이 많이 나와 탕 문화도 함께 성장했을 것이다.

근대에 서울과 함께 인천이 주요 해장국 도시로 자리매김한 것도 특이한 역사다. 해장국은 전국에 있는 음식이지만, 소뼈와 내장을 넣은 해장국은 서울과 인천의 명물로 인정받고 있다. 인천에는 유명한 해장국으로 추탕과 소 해장국이 있었는데, 인천 최초의 근대적 의학박사인 신태범에 의하면 소 해장국이 먼저라고 한다. 그는 인천이 개항한 후 인구가 크게 늘어나면서 소고기 수요도 생겼다고 한다. 특히 개항을 하여 서양인들이 들어오니 소고기를 납품하고 그들이 먹지 않는 뼈와 선지, 내장이 조선인들 몫으로 남았다. 그것으로 술국을 끓인 것이 해장국의 시초가 된다. 또 인천에는 일제 때 유명한 미두취인소가 있었다. 지금의 증권거래소와 같은 일종의 쌀 선물(先物) 시장으로, 서울과 인천에 각기 하나씩 있어 쌀의 수요를 조절하고 자금을 조달하는 역할을 했다. 그런데 본디 선물 시장은 투기의 성격이 있다.

그리하여 투기꾼과 돈이 몰리니 온갖 술집과 색주가도 성업하게 된다. 당연히 해장국이 크게 인기를 끌 수밖에 없다. 이것이 인천이 해장국의 명소가 된 이유로 보인다.

신태범 박사의 증언에 의하면, 러일전쟁 후에 인구가 크게 늘면서 인천이 활기를 띠었다고 한다. 1920년에는 막걸리 두 사발과 해장국 한 뚝배기가 10전이었는데, 찬밥을 토렴해서 먹었다고 한다. 부두 노동자와 정미소 일꾼, 모주꾼들이 몰려 해장국집이 성업했다. 그리하여 인천에는 유명한 해장국집이 이름을 높이게 되는데, 지금도 남아 있는 평양옥이 그것이다.

자물쇠가 없는 집

청진동이 해장국 골목으로 번성하던 시기가 있었다. 한때 열여섯 개까지 있었는데, 이제는 딱 두 개만 남았다. 청진옥의 작은집인 청일옥도 문을 닫았다. 역사는 흐르고, 청진동의 해장국이 서울의 대표 음식이던 것도 기억으로만 머물게 된다. 나이 지긋

리

한 서울 시민이라면 청진옥 해장국 한 그릇 정도는 먹어봤을 것이다.

통금이 있던 시절, 새벽 4시면 일꾼들과 밤새 어디선가 논 춤꾼들이 뒤엉켜 이 가게를 가득 메우고 해장국을 들었다. 통금이 없어진 1980년대 이후에는 노태우 정부 시절 '범죄와의 전쟁' 때 잠깐 야간 영업을 제한당한 것을 제외하면 24시간 영업이 이 식당의 상징이다.

"지난 얘기인데, 그 시절에 몰래 영업을 시도하기도 했습니다. 사람들이 문을 두들겼어요. 탄원서를 내는 분들도 있었습니다. 청진옥은 (야간 영업 금지) 예외로 해야 하는 것 아니냐, 뭐 이런 취지였지요, 하하."

통금이 있던 시절, 해장국집들이 이 골목에 열 개가 넘던 때에는 진풍경도 벌어졌다. 통금 해제 시간인 4시에 열게 되는데, 저마다 5분, 10분씩 먼저 열고 환히 불을 밝힌 채 손님 맞을 준비를 하느라 북새통이었다고 한다. 인근 나이트클럽에서 손님들이 통금 해제와 함께 우르르 쏟아져 나왔기 때문이다. 그렇게 해장국집은 새벽과 아침 매출이 가장 중요했다. 요즘은 24시간 열고 있어도 새벽과 아침에는 손님이 뜸하다. 아침밥을 국으로 뜨는 식습관도 많이 사라졌다. 시절이 바뀐 것이다. 늘 문을 열고 있기 때문에 청진옥에는 자물쇠가 없다는 것도 특징이다. 닫을 일이 없으니 당연한 일이지만, 듣고 보니 참 특별하다.

"유명한 연예인들이 많이 왔어요. 강남으로 연예 권력이 넘어가기 전에는 다들 이 일대에서 술을 마셨습니다. 기자들도 많이 오셨지요. 새벽에 다른 신문과 비교하면서 토론을 벌이던 기자들을 보면, 표정만 봐도 낙종인지 특종인지 알 수 있었어요. (웃음) 단독과 특종을 했으니 좋아서 한잔, 낙종하고 물먹었으니 괴로워서 한잔, 그렇게 다들 술을 마시고 해장국을 떴지요."

현대사의 격동기에 서울 한복판에서 장사를 했으니, 가게에 스민 역사의 땀방울이 없을 리 없다. 1980년대 격렬했던 민주화 투쟁 때 청진옥 앞길에서도 치열한 '전투'가 벌어졌다. 쫓고 쫓기는 추격전이 이어지고, 깊은 밤에는 시위를 마친 시민들과 학생들이 주린 배를 채우고 밤새워 토론하는 자리가 되었다. 정치적으로 불안한 시기가 청진옥으로서도 괴로웠다. 매상이 줄기 때문이다.

"우리 집이 서울 시내 중앙에 있다는 건 어쩌면 업 같기도 합니다. 장사가 안 되어도 끌어안고 살아야지요. 지난 정부의 광우병 사태 때에는 경찰과 시위대가 우리 집에서 우연히 한데 모여 식사를 하곤 했어요. 참 희한한 감정이 들었지요."

그의 말을 좀 더 이어본다면 '싸울 땐 싸우더라도 밥은 먹어야 하니까'일 것이다. 그것이 인간의 숙명이다. 최준용 씨가 청진옥의 3대째 주인이 되면서 이 집은 무엇이 바뀌었을까. 그의 대답은 이렇다.

"아무것도요. 피맛골에서 이 자리로 옮겨 온 것 말고는."

정년이 없다, 주인보다 오래된 직원들

필자가 노포를 취재하면서 일관되게 드는 생각이 있다. 노포의 조건 중 하나는 직원들이 오래 근무한다는 점이다. 근속 기간 짧기로 유명한 식당에서 10년, 20년을 다닌다는 건 절대 예사로운 일이 아니다. 청진옥의 야간 담당 매니저가 1971년부터 일하던 분이다. 한번은 최준용 씨가 "나도 어려서부터 일해서 이제 30년 넘었으니 너무 유세 부리지 마세요"라고 했더니 직원

들이 쿡쿡 웃었다고 한다.

"이봐요, 최 사장님. 나는 40년이 넘었다고요."

주방장은 아주 특이한 '대'를 물리고 있다. 원래 큰형이 하다가 동생에게 주방장 자리를 물려주고, 이제는 셋째가 그 일을 맡아 하고 있다. 최상복 주방장이 그 주인공인데, 열다섯 살에 들어와 지금 쉰다섯 살이 되었다. 근속 40년이다. 정말 특이하고 희한하며 감동적인 식당의 직원 열전(列傳)이다. 직원들의 근속 연수를 합쳐서 200년이 넘은 적도 있다. 그래서인지 예순 중반 정도면 젊은이로 취급하는 분위기라고 한다. 요 십 년 사이에 40년 이상 근무한 분들이 많이 그만두어서 조금 젊어졌다고 하는데, 그래도 홀이나 주방에 노인들이 수두룩하다.

"일흔이 된 노인 직원이 은퇴하고 그 자리를 젊은이로 메우려 해도 잘 안 됩니다. 노인들은 동작이 느리지만, 일하는 노하우와 연륜은 정말 대단하거든요."

청진옥의 인사 정책은 '원할 때까지'다.

"나오고 싶으실 때까지 나오도록 합니다. 정년이 없지요."

물론 최준용 씨가 주인 자리를 물려받으면서 '개혁'을 할 생각도 있었다. 젊은 직원을 많이 쓰겠노라고 아버지에게 말씀드렸더니 "아니다. 그냥 그 양반들이 있을 때까지 있게 해라"라고 했단다. 참으로 대단하고, 고개가 숙여지는 마인드다.

음식 만드는 비결이랄까, 특히 손질이 까다로운 내장 관리법을 물었다. 필자도 소 내장 요리를 즐겨 파는데, 늘 다루기가 까다롭다. 그의 대답은 청진옥의 3대 주인다웠다.

"뭐 별거 없어요. 그저 소금과 밀가루로 깨끗이 씻는 게 전부입니다. 세 가지 내장을 냄새가 안 날 때까지 씻어요. 그럼 냄새가 안 납니다."

피맛골은 사라지고 청진옥은 헐렸지만, 새 터전에서도 여전히 100년 역사를 바라보는 해장국은 끓고 있다. 우리가 이 요리를 지켜가는 것은 어쩌면 우리 핏줄에 대한 보호 심리가 작동하는 것일지도 모른다는 생각이 들었다. 막 받은 해장국을 한 숟가락 떠본다. 우리 선대의 맛이 변하지 않고 식탁에 오른다는 경이로움! 교동'국민'학교 출신 서울 토박이, "해장국이 나의 전부"라고 말하는 젊은 사장 최준용 씨의 청진옥이 있다.

선대로부터 돈 좀 물려받았느냐고 묻자 증여세, 상속세 내고 나니 집하고 가게 하나 남았다고 한다.

"처음 가게 맡고서 매일 해장국을 먹었어요. 직원들이 나중에 그러더군요. 무척 열심히 먹길래 해장국을 좋아하는 줄 알았다고요. 저 그 정도로 해장국 좋아하진 않습니다. (웃음)"◆

◆ 현재 청진옥은 멋없는 빌딩 생활을 청산하고, 가까운 곳의 오래된 건물을 수소문하여 이사했다. 훨씬 정취가 난다.

상호 청진옥 **창업 연도** 1937년 **창업주** 최동선, 이간난 부부 **주소** 서울 종로구 종로3길 32(청진동 183-1) **문의** 02-735-1690 **대표 메뉴** 해장국, 안주전골, 따구국, 수육 / 장국밥집만이 가질 수 있는 씨 육수에서 깊은 세월의 맛이 느껴진다. **가격** 1만~5만 원

주인은 그 음식을 가장 많이 먹어본 사람이어야 한다

• 서울 부원면옥 •

"

제가 냉면 제일 많이 먹은 사람 중 한 명일 거예요.

"

창업 연도 : 1960년

사람들은 추억의 밥집을 최고로 친다. 그 미각에 대한 정확한 분별이나 기억이 없어도 말이다. 내게 그런 냉면집이 몇 곳 있다. 이 책에서 다룬 '우래옥'이 그렇고, 《노포의 장사법》에 소개한 중구 입정동의 '을지면옥'도 그중 하나다. 입정동이 어디인가 싶을 텐데 을지로 4가라고 하면 어디인지 알 것이다. 을지면옥은 공구 상가의 쇳내 나는 길거리에 보일 듯 말 듯, 소박하게 간판 하나 걸려 있다. 을지면옥으로 들어가는 골목은 일종의 시간 여행이다.

이런 을지면옥과 같은 추억이 어린 냉면집이 바로 '부원면옥'이다. 이 집도 전형적인 시간 여행이다. 이 집에 가면 필자는 어린 시절 남대문시장의 복작거리는 혼잡과 알 수 없는 혼곤, 그리고 묘한 흥분을 주던 기억이 또렷해진다. 지금은 회현역 남대문시장 출구로 나와서 오른쪽 첫 번째 숙녀복 골목으로 들어가면 금세 찾아갈 수 있다. 하지만 옛날에는 집에서 버스를 타고 한 시간 가까이 달려 남대문시장에 닿아, 인파를 헤치고 가야 하는 그런 집이었다. 버스에 들이치던 후끈 달아오른 여름의 햇빛, 시장 안에 가득 찬 인파, 그리고 과일 냄새와 섬유 냄새.

부원면옥, 무수한 세월 앞에 겸손해지다

언젠가 이 집에서 엄마와 누나가 격론을 벌였다. "원래 여기가 이 집 위치 아니었어. 저 옆에 있었다니까." 결국엔 사장님께 묻는다.

“어머! 맞아요. 옮겨 왔죠. 그걸 다 아시네. 아주 오래전 일이라 나도 가물가물한데.”

남대문 부원면옥은 우리 가족의 고향 같은 곳이다. 안에 들어서면 마음이 그윽해진다. 별 셋쯤 달린 고급 식당은 아니지만, 맛있는 집에만 있는 기운과 김이 서려 있다. 원래 옥호는 부원면옥이지만, 우리는 그냥 ‘남대문 냉면집’이나 ‘부원집’이라고 부른다. 내가 국민학교 고학년 때부터 다녔으니 꽤 오래됐다. 이 집 냉면은 화려함과는 거리가 멀다(평양냉면도 이집 저집 먹다 보면 화려한 스타일을 추구하는 곳이 있다는 걸 알게 된다). 그야말로 소박함의 전형이다. 돼지고기 편육 고명과 삶은 달걀, 무, 오이절임이

조금 올라가고, 심심하고 달콤한 국물이 내 몸 구석구석 천천히 퍼진다. 냉면은 중독의 음식이다. 이 독특한 국수는 오래갈 것이다. 지구의 역사와 함께 소멸할 것이라고 감히 말할 수 있다.

부원집은 서울의 다른 명가들에 비해 노인 손님이 더 많다. 그래서 나는 이 집에서 쉬이 다리를 꼬지 않고, 큰 소리로 말하지도 않는다. 역사 앞에서는 다들 공손해져야 하는 법이니까. 그 노인 손님 중 한 분이 수필가 오세윤 선생(소아과 전문의)이다. 그가 옛 기억을 더듬어 쓴 수필에도 부원면옥이 등장하는데, 1964년 12월의 일로 명시되어 있다. 필자가 이 집에 다니기 시작한 1970년대 후반보다 훨씬 더 전의 일이다. 그의 부친이 그를 데리고 들른 집이라는 것이다. 1965년생인 필자가 태어나기도 전이니 이 가게의 업력을 보여주는 하나의 방증일 것이다.

> 평양 본고장 맛을 살려 사골로 육수를 내고 돼지 편육도 두툼하게 썰어 두어 조각 꾸미로 올리는 등 음식을 인정 있게 만들어냈다. 이렇듯 정성 들인 냉면을 피란민들의 주머니 사정을 고려해 다른 어느 곳보다도 저렴하게 상에 올렸다. 김 여사가 문을 연 지 사반세기가 지났다.
>
> _오세윤, 〈냉면〉, 《아버지의 팡세》(2014)

오 선생의 냉면 소양은 부친에게서 받은 것이라고 한다. 그의 부친은 냉면의 내력에 대해서도 일가견이 있으셨던바, 오 선생이 당신의 글에 쓰고 있다. 즉, 임진왜란 이후 국토가 황폐해져 기근이 들자 후대의 왕인 인조가 기후가 냉하고 척박한 산지가 많은 평안도·함경도 등에 메밀을 널리 심게 한 것이 냉면 발달의 단초라는 것이다. 메밀을 거둔 대중이 겨울에 동치미에 말아 먹은 것이 냉면이었고, 이 찬 메밀국수가 홍경래의 난 이후 냉면으로 발전했을 것이라는 유추가 오 선생 부친의 견해다. 홍경래의 난이 거론된 것은 이유가 있는데, 그의 글에서 다시 거론해보자.

"순조조에 들어 안동 김씨의 세도정치로 관의 수탈이 극에 달한 데다 가뭄으로 흉년이 계속되자 홍경래는 '세도정치 타도와 서북 도민 차별 대우 철폐'란 기치를 내세워 난을 일으키고, 난이 평정된 뒤 나라에서는 정책적으로 평야 지대에서 생산되던 쌀과 조 등 거의 전량을 징수해 민중들이 먹을 거라곤 메밀밖에 없게 되었"다는 것이 냉면 발달의 동인이 되었다는 기술이다. 이후 살림이 나아지면서 고기도 얹고 달걀도 놓으면서 미식으로 발전한 것이 냉면이라는 것인데, 설득력 있는 주장이 아닐 수 없다. 물론 일제강점기 때 제빙기가 들어오고, '아지노모토(화학조미료)'의 사용, 소고기 공급의 확대 등으로 여름에도 김치와 동치미 없이 감칠맛을 즐길 수 있게 된 것이 근대 냉면의 발전사에 영향을 주었다.

♨ '곱빼기'가 여전히 유효한 곳

부원면옥은 원주인에게서 다른 가문으로 팔려 간 경우다. 뒤에서 소개할 열차집도 창업주 가문과 현재 운영하는 가문이 다르다. 이런 경우가 더 특이한데, 왜냐하면 이렇게 될 경우 가게의 정체성을 온전히 지켜나가기가 힘들기 때문이다. 그래서 열차집과 부원면옥의 존재가 더 도드라져 보인다. 부원면옥은 1970년대 초반 김상렬 씨에게 명의가 넘어왔다. 알려진 바로는 창업한 해가 1960년이니 역사가 60년이 넘었다. 그의 회고록에 의하면, 열 평 남짓한 작은 업소를 인수하여 현재의 영업장으로 키워왔다. 이 가게는 그의 모친 김갑례 씨가 운영했고, 김상렬 씨로 이어지다가 현재는 4대 체제로 들어갔다. 이 독특한 내력은 뒤에 좀 더 알아보기로 하고, 부원면옥 냉면 맛에 집중해보자.

이 집 냉면 맛은 흔히 '싸고 편안한 맛'이라는 대중적 평가를 얻고 있다. 근자에 냉면값이 1만 원을 넘기고 있다. 곱빼기가 없는 집이 많아서 사리를 하나 더 시키면 2만 원에 이른다. 파스타가 2만 원대이니, 냉면값이라고 그리 가지 말란 법은 없다. 그러나 실내장식이나 서비스 등을 고려하면 과하다는 평도 있다. 어쨌든 필자는 부원면옥의 강점 중 하나가 가격이라는 데 동의한다. 무엇보다 곱빼기가 살아 있다는 것이 고맙다. 한 그릇 더 먹거나 사리를 추가하자니 값이 부담스럽다. 이럴 때 곱빼기가 있으니 얼마나 좋은 일인가.

"보통과 곱빼기 가격 차는 1,000원에서 멈춘 지 오래되었어요. 6,500원짜리 냉면이면 7,500원이지요. 아버님(김상렬 씨)의 원칙이기도 했습니다."(현재는 물냉면 8,500원, 곱빼기 1만 원이다)

고현희 씨의 말이다. 부원면옥을 기억하는 이들은 전대의 주인을 거의 모를 것이다. 그도 그럴 것이, 그이가 이 집을 지켜온 지 40년 가까이 되었기 때문이다. 그이가 사실상 부원면옥의 현재를 일군, 살아 있는 증인이다.

하루 삼천 그릇 판매 신화

"스물다섯에 시집와서 곧바로 이 집에 나와 일하기 시작했어요."

그이는 부원면옥의 며느리로, 오늘날까지 주방장과 함께 냉면 맛을 지켜왔다. 그이가 밝히는 이 집 냉면 맛의 비결은 의외로 단순하다.

"원래 하던 대로 하는 거예요. 지금 주방장이 이 집에서 일한 지 40년 되었습니다. 그 맛이 정확히 지켜지는 게 당연하지요."

여기에 더 꼽는 것이 재료다. 재료는 선대인 김상렬 씨 시절부터 챙겨오던 핵심이다. 그는 회고록에서 이렇게 쓰고 있다.

"유명 냉면집과 경쟁해서 이겨낼 수 있을까……. 첫째로 냉면 김치 맛이 좋아야 한다. 모든 재료를 상(上)품으로만 골라 샀습니다. 방앗간에서 고추 빻는 걸 지켜보았고 참기름도 깨를 가지고 방앗간에서 직접 짰지요. 메밀도 발품을 팔아서 사고 육수도 잘 보관하도록 머리를 썼습니다."

지금처럼 육수 보관 장비가 보급되지 않던 때라 직접 청계천에서 냉동·냉장 장치를 단 육수통을 주문 제작했다. 광고에도 신경을 써서 "시원한 육수 냉면을 한번 잡수어보시오"라고 현수막을 내걸었다. 지금 보면 참으로 소박한 문구다. 그렇게 해서 여름에 자그마치 하루 평균 3,000그릇을 팔았다고 한다. 엄청난 매출이다. 김 씨는 하루 서너 시간밖에 자지 않고 가게에 매달려야 해서 당시 소원이 잠 한번 실컷 자는 것이었다고 한다. 당시 시장 안에 세 곳의 냉면 가게가 경쟁했는데, 현재 살아남은 정통 평양냉면집은 부원면옥뿐이다.

남대문시장은 역사적인 장시로, 전쟁 후에 크게 성장했다. 1608년, 세곡을 관리하는 선혜청을 이 근처에 설치하면서 객줏집과 중개상들이 크게 번성했다. 즉, 시장의 역할을 담당했던 것이다. 그 후 1791년 정조 때 육의전을 제외한 모든 시전의 독점을 폐지, 칠패시장(남대문시장의 원형)의 기능이 막강해졌다. 이때부터 남대문시장이 오늘을 배태하게 된다. 이후 1911년 친일파

송병준에 의해 근대적 시장으로 탈바꿈한 것이 오늘에 이른 것이다. 특히 전후에 미군 부대 물자가 모이고, 실향민들이 생업의 터전으로 삼으면서 오늘날의 남대문시장이 형성되었다. 냉면을 다루는 가게가 많았던 것도 평안도 실향민들과 관계가 있다.

부원면옥은 앞서 쓴 대로 원래 다른 구역에 있다가 지금의 위치로 1979년에 옮겨 왔다. 지금도 '장띠 상가'라고 부르는 구역에서 자그맣게 운영하다가 현재의 4층 빌딩으로 이사 왔다. 1~2층을 털어 장사했는데, 현재 아래층은 옷 가게로 쓰이며 2~3층이 영업장이다.

"초기에 아버님이 3,000그릇씩 팔 때는 얼마나 손님이 많았으면 먹고 돈 안 내고 가는 손님을 막아설 수가 없었어요. 가게가 그야말로 입추의 여지 없이 손님으로 들어차서 꼼짝을 못했으니까요. (웃음)"

업력 60년 가게의 소박한 원칙

고 씨는 부원면옥의 카운터를 지키면서 하루 한 끼는 냉면으로 먹는다. 먹어봐야 팔 수 있다는 소박한 영업 방침이다.

"먹어봐야 맛이 제대로 지켜지는지 체크되겠지요. 애들 가져서 입덧할 때 빼고는 늘 먹었어요. 아마 세계에서 제가 냉면 제일 많이 먹은 사람 중 한 명일 거예요."

그 '애들'이 모두 이 가게에서 일한다. 큰아들 재우와 둘째 아들 재승이 모두 직원이다. 각각 홀과 주방에서 가업을 전수받고 있다. 냉면집 주방은 몹시 힘들다. 물을 많이 쓰고 흥건해서 고되고도 고되다. 또 새벽 6시면 나와서 육수부터 끓여야 한다.

이 집 육수는 조금 독특하다. 과거에는 꿩을 썼는데, 지금은 사골이 중심이다. 돼지고기를 삶아 고명으로 얹는다. 닭무침이 이 집의 명물인데, 닭 요리 안주가 있어 육수에 배합하는 줄 알았더니 전혀 쓰지 않는다고 한다. 보통 어떤 고기를 쓰는지는 메뉴를 보면 알 수 있다. 소고기 편육이 있으면 소, 돼지고기 편육이 있으면 돼지다.

“저희는 소를 안 씁니다. 소 사골만 쓰지요.”

흔히 냉면에는 소고기를 쓴다거나 돼지고기와 소고기를 섞어 쓴다는 식의 통념이 있다. 그러나 어떤 것도 원칙이 아니다. 필자가 냉면에 관한 문헌을 보고, 지역을 돌아다니며 취재한 결과가 그렇다. 무슨 고기를 쓰느냐 하는 것은 스타일과 선택의 문제일 뿐이다.

“몇 가지 원칙도 있어요. 메밀은 춘천에서 받고, 면에 섞는 전분은 제주산 감자 전분, 뭐 이런 식입니다.”

냉면 먹는 법도 그렇다. 어찌 된 영문인지 냉면에 식초와 겨자를 치는 것은 잘못되었다고 하는데, 이는 전혀 근거가 없는 말이다. 여러 문헌에 보면, 과거에 그런 취식법을 권고하거나 기록한 것을 발견할 수 있다. 다만 기호일 뿐이다.

노포의 특징 중 하나는 역시 오랜 단골이다. 이 집도 그렇다.

“간혹 할머니 혼자 오셔서 쓸쓸하게 냉면을 드십니다. 여쭤보면 할아버지가 돌아가셨다는 거죠. 저도 함께 쓸쓸해집니다. 간혹 아래층에서 큰 소리가 들릴 때가 있어요(부원면옥은 2층이 주 영업장이다). 냉면을 내려달라는 거예요. 계단을 오르시지 못하게 된 노인이 저희 집 냉면 한 그릇을 기어이 드시겠다고 오신 겁니다. 참 짠한 일이에요.”

주방장이 일한 지 40년이 넘은 건 그렇다 치고, 놀랍게도 직원과 ‘알바’ 하는 아주머니도 20년이 넘었다. 주인이 덕이 없으면 있을 수 없는 일이다. 이런 집의 요리는 절대 사술이 없다는 것도 필자의 경험이다. 직원에게 신망이 있는 집은 비밀이 있을 수 없는 것이다.

가게마다 '기계냉면'을 내건 까닭

필자는 언젠가 냉면에 관한 책을 한 권 쓰려고 지금도 굳게 마음먹고 있을 정도로 냉면을 사랑한다. 친구들은 그런 필자를 냉면교 교주라고 놀리기도 한다. 어려서 냉면을 먹으러 엄마 치마꼬리를 붙들고 부원면옥을 들락거린 것이 계기가 됐다. 원래 냉면은 이북 음식이었지만, 이미 일제강점기 때부터 서울 음식이 되어 있었고, 전후에 피란민들이 몰리면서 완전한 서울의 명물이 되었다. 필자가 서울내기로서 냉면 마니아가 된 건 자연스러운 일일 터이다.

필자는 냉면의 비밀을 캐러 들어갈 수 없는 북한 대신 중국 국경 지대에 간 적이 있다. 거기서 북한 직영 호텔의 서고에서 《조선료리전집》을 구했다. 과연 냉면 레시피가 들어 있었다. "김일성 수령은 다음과 같이 교시하시였다. 인민들에게 더 맛있는 냉면을 만들어 먹이고……." 이런 교시 밑에 냉면 레시피가 떡하니 꼼꼼하게 적혀 있었다. 1994년의 일이었다. 그 조리법에 의

하면, 돼지고기와 소고기, 닭고기를 섞어서 쓰도록 되어 있었다. '맛내기'라는 엠에스지(MSG)를 넣으라고 되어 있어서 웃음이 나기도 했지만, 어쨌든 그 조리법은 매우 훌륭했다.

예전에는 날이 더워지기 시작하면 거리에 붉은 깃발이 흩날렸다. 붉은 천에 흰 글씨로 '냉면'이라는 글자가 쓰여 있었다. 그냥 페인트나 먹으로 '냉면 개시'라고 쓴 부적 같은 종이를 붙인 것도 있었다. 붉은 깃발이 나른하게 햇볕에 졸고, 흙길은 바싹 말라서 먼지를 풀풀 일으켰다. 삼베 적삼을 입은 동네 아저씨들은 부채질을 하면서 진땀을 식혔다. 흔한 서울 변두리의 여름 풍경이었다. 요즘처럼 시내 냉면집 순례를 가는 일도 쉽지 않았으니, 그저 동네 밥집에서 냉면을 먹었다. 육수를 어떻게 냈는지 몰라도 새콤한 맛으로 먹었던 것 같다. 토마토가 한쪽 올라가 있고 오이채와 얼음덩어리를 곁들이는 게 그 당시 흔한 동네 냉면의 스타일이었다.

이런 냉면은 대개 미리 만들어진 면을 삶아내는 경우가 많았다. 공급되는 냉면 가락이 서로 붙어 있어서 수북하게 탁자에 쌓아놓고 일일이 떼어내야 했다. 이런 '임시 계절 냉면'에 대항하기 위해 직접 면을 뽑는 집들은 '기계냉면'임을 강조하면서 팔았다. 어린 나는 왜 손냉면이 아니라 기계냉면인 것을 자랑할까 싶어 의아해했던 기억이 있다. 왜 칼국수는 손칼국수인데, 냉면은 기계냉면일까 하는. 혹시라도 모르는 분들을 위해 설명하자면, 냉면은 메밀을 많이 넣어야 제격이고, 메밀의 특성상 단단하게 반죽해서 기계로 내려야 면의 형태가 제대로 유지되기 때문이다. 예전 평안도 지방에서 겨울에 메밀 면을 내려 먹을 때 국수틀을 쓴 것과 같은 이치다. 강원도에서 막국수를 내릴 때 틀을 이용했던 것도 물론 마찬가지다. 참고로 메밀을 쓰지 않는 함흥냉면도 기계냉면임을 강조하는데, 이는 완제품 면을 사지 않고 직접 반죽해서 기계로 내린다는 뜻이다.

기계냉면집에서는 유압식의 커다란 기계장치를 달았고, 면이 쑥쑥 빠져나오면 그대로 솥으로 들어가 푹푹 삶았다. 기계를 다루는 요리사의 팔뚝에서 떨어지는 땀, 삶은 면을 재빨리 사리

를 지어 그릇에 담던 장면이 지금도 생생하다.

이 집의 또 다른 맛은 빈대떡에 있다. 아직도 돼지기름을 직접 내려 부친다. 진하고 구수하다. 적어도 부원면옥은 오랫동안 우리에게 냉면을 줄 것이다. 얼핏 주방 안에 듬직한 아들의 몸피가 보였다.

상호 부원면옥(부원집) **창업 연도** 1960년 **주소** 서울 중구 남대문시장4길 41-6(남창동 47-10) 부원상가 2층 **문의** 02-753-7728 **대표 메뉴** 물냉면, 비빔냉면, 닭무침, 빈대떡 / 안주와 함께 심심하면서도 개운한 물냉면이 있어 선주후면(先酒後麵)을 가능하게 한다. **가격** 8,500~1만 3,000원

50년 전 시작된 고객 중심 영업

• 부산 마라톤집 •

"
마라톤도 재건도
다 손님들이 붙인 거지.
"

창업 연도 : 1959년

음식의 역사는 곧 사회사이기도 하다. 부대찌개는 전쟁과 주한 미군이 없었다면 생기지 않을 메뉴였다. 부대란 곧 미군 부대를 의미한다. 소시지와 햄에 잇자국이 있어야 진짜라는 우스갯소리가 생길 정도였다. 부산 서면의 마라톤집도 그 시대 사회의 생생한 풍속이 만들어낸 우연한 작명이었다.

마라톤과 재건! 이 생소한 낱말이 이 집의 요리에 들어 있다. 심지어 가게 이름이 그대로 마라톤집이다. 손기정 선생과 무슨 연관이라도 있는 것일까. 마라톤과 재건 같은 제3공화국의 언어가 어떻게 이 술집에 붙은 것일까.

손님의 언어가 이름이 되다

필자가 이 집을 들른 건 아주 우연히 계기였다. 언젠가 부산에 볼일을 보러 갔다가 서면에서 술을 한잔하게 됐다. 골목을 지나는데, 특이한 술집 이름이 우선 눈에 띈 데다 아래위층이 온통 손님으로 빼곡한 게 아닌가. 마라톤이라. 안주를 이것저것 시켰는데 맛이 좋았다. 진하고 기름지고 한 방에 쭉 가는 맛. 이를테면 외로 꼬거나 밖으로 겉돌지 않는 부산의 맛이었다. 아래층에 길게 일본식으로 다치라고 부르는 목로를 붙인 오뎅바는 중노

년 사내들로 가득 차 빈자리가 없었다. 그래서 젊은 축이 득실거리는 위층에서 톤 높은 사투리를 들으며 소주를 마셨다. 노포, 백년식당 취재를 염두에 두었을 때 이 집을 빼고 무슨 노포를 시작하랴 싶었다. 취재차 올라탄 부산행 고속 열차는 빨랐지만, 마음은 역전 마라톤처럼 더뎠다. 나는 다시 아날로그의 옛 기억으로 돌아가고 있었다.

마라톤집처럼 ○○집이라고 부르는 건 사실 오래전부터 넘어온 유행이다. ○○옥(屋)이라는 뜻이다. 전주집, 부산집, 대전집 같은 선술집과 밥집 이름도 바로 일제강점기의 유행이 만들어낸 작명이다. 이 집은 요즘 유행하는 식으로 하면 'since 1959'다. 가늠이 안 되는 시간의 간격이다. 내가 1965년생이니, 1970년대 무렵의 풍경까지가 내 기억에 저장되어 있다. 그런데 1959년이라. 마라톤집은 롯데백화점이 거대하게 들어섰을 만큼 부산에서도 가장 번화한 서면에 있다. 지하철 서면역은 출입구만도 열 개가 넘을 정도로 이 지역의 번잡함을 보여준다.

부산역에서 택시를 탔다. 나이 든 기사에게 서면의 과거를 물었더니 옛날에도 번화했다고 한다. 그 옛날이란 대체로 전후(戰後)의 기억이다.

기록을 보니, 원래는 동래부(東萊府) 서면(西面)이었다. 딸기밭, 파밭, 논이 많았다. 일제 때 군수공장이 들어서면서 시설과

사람이 몰리기 시작했다. 행정구역상으로 부전동 일대이지만, 사람들은 여전히 서면이라 부른다. 서면은 진짜 시골이었다가, 한동안 번화했다가, 이제는 해운대 같은 더 신흥 지역의 인기에 따라 영광의 상처를 지닌 역사 지구가 되고 있다. 마라톤집은 그 한가운데에서 역사를 바라보며 묵묵히 존재한다.

마라톤집은 현재 2대째 안주인 조광희 씨가 영업과 요리를 지휘한다. 재료를 손질하고 정리하다가 취재 팀을 친절하게 맞아준다. 그이의 손을 흘끗 봤다. 물에 불어 벌겋다. 고운 인물에 거친 손이라니.

마라톤집은 독특한 메뉴로 부산에서도 모르는 이가 없는 명물이다. 메뉴판을 보자. 마라톤 1만 5,000원, 재건 1만 5,000원…….

순간 당황스러워진다. 처음 이 집에 들렀을 때 옆자리에 앉은 나이 든 손님이 설명해준 바 있다.

"마라톤이라 카모 빠르다, 옛날엔 손기저이(손기정)가 금메달 딸 때 있다 아인교. 그땐 이 집이 그냥 포장마차였는데, 이 찌짐 물라꼬 사람이 줄을 길게 섰는 기라예. 뒤에 사람들이 마라톤처럼 퍼뜩 묵고 비키라꼬 한 기 마라톤집이 됐다, 그리 들었지예."

고장의 명물을 소개하는 아저씨가 신이 났다. 사투리를 옮겨 적는 게 조금 틀렸다면 이해해주시라. 이 초광속의 시대에 마라톤이 제일 빨랐던 시절도 있었던 것이 기억에 아스라하다. 요즘 같으면 KTX라든가 자메이카의 속도왕 우사인 볼트라든가 뭐 이런 이름을 쓰지 않았을까.

굶주렸던 이들의 배를 채워준 '찌짐'

마라톤집의 초대 주인인 황해도 해주 사람 민병현, 김원희 부부가 부산에 피란 온 건 1951년 1·4 후퇴 때였다. 초반 열세를 극복하고 압록강까지 밀고 올라간 연합군은 중공군의 개입으로 후퇴할 수밖에 없었다. 이때 함께 내려온 피란민이 엄청 많았다. 그 당시 아내 김 씨의 나이 열여덟 살. 남편은 이북에서 철도청 직원으로 있었다. 일제 때 군대에 끌려가지 않는다고 해서 시작한 일이었다. 남편을 따라 옷가지 몇 벌만 챙겨 임시로 내려온 피란길이었다. 그 길이 벌써 70년. 김 씨는 아흔을 바라보는 나이가 되었고, 죽기 전에라도 고향에 갈 수 있을지 가늠이 안 되는 세월이 되었다. 남편 민 씨는 4남 1녀를 남기고, 1989년 세상을 떴다.

누구나 억척스럽게 일해야 먹고살 수 있는 시절이었다. 사실, 목숨을 연명할 수 있을지 어느 누구도 장담 못 하던 시절이기도 했다. 전쟁, 폭력, 굶주림, 질병……. 전후 한국의 모습이었다. 남편 민 씨는 철도청에서 일했던 이력 덕분에 비교적 수월하게 직장을 얻었다. 미군 부대에서 일했다. 그러다 덜컥 다쳤다. 막막한 일이었다. 장사를 해야 먹고살 수 있게 되었다. 피란민이 억척스러운 건 일가붙이나 기댈 곳이 없는 형편 때문이기도 하다. 당감동의 피란민 거주지에서 살 때였다. 며느리 조 씨의 얘기다.

"처음엔 한 2년 동안 과일을 파셨대요. 지금 서면공원 있는 곳에서요. 노점이죠."

주변에서 3,000원을 겨우 빌려 억척스럽게 장사를 시작했다. 과일, 과자 따위를 팔았다. 미군 부대에서 흘러나오는 물건을 파는, 이른바 '깡통 장사'(대개 미군 물자라 캔으로 이루어진 것들이어서 붙은 이름)도 했다. 자유시장에 잇대어 있는 부평시장이 깡통시장이라 불리는 것도 바로 그런 이유에서다. 미군 부대에서

흘러나오는 담배와 술도 팔았다. 돈을 조금 벌어 허름하지만 집도 장만했다. 서면시장 앞에서 과자 도매상도 몇 년 했다. 그러다 좀 더 안정적인 장사를 찾았다. 서면으로 들어와 지금 자리에 천막을 치고, 술도 팔고 안주도 파는 장사를 시작했다. 여러분이 술 한잔하러 들어온 마라톤집이 바로 노점의 현장이다. 김 씨의 기억이다.

"처음엔 자갈치에서 꼬시레기라꼬, 망둥이 회를 떼다 팔았어. 남편이 회를 직접 썰고. 근데 어느 날 근처 메리야쓰(속옷) 파는 가게 주인이 찌짐을 좀 팔아보라 카데."

망둥이는 노점에 어울리는 가장 싼 횟감이었다. 김원희 씨는 황해도 말투와 부산 말투가 뒤섞인 독특한 말씨를 구사했다. 피란민으로 억척스레 살아왔을 세월이 묻어나지 않는 고운 모습과 자분자분한 어조다. 누구나 기억하는 외할머니의 자상한 모습이다. 나도 모르게 '할매'의 손을 잡고 말씀을 듣고 싶었다.

해물전을 팔기 시작하자 장사가 너무 잘됐다. 이른바 난리가 났다. '찌짐'이라는 기름기 강한 음식의 매혹은 그때나 지금이나 마찬가지다. 지방(脂肪)과 열량 부족의 시절을 살던 당시 부산 사람들에게 열광적인 인기를 끌었다. 밀가루 대신 감자 전분을 넣어 맛이 더 진하고 차졌다. 줄을 서고, 먼저 먹으려고 서로 다퉜다. 마라톤의 역사는 여기서부터 시작되었다.

"미군 부대에서 쇼트닝이 나왔어. 자갈치에 조개가 억수로 마이 나왔는데, 그걸 사다가 찌짐을 부치가 막걸리에다 팔았지."

요즘은 구하기 어렵지만, 갈미조개라고 부르는 고급 조개가 지천이던 시절이었다. 여담으로, 요즘 사람들은 조개 맛을 모르고 산다. 간척과 연안 오염이 제일 먼저 조개를 망가뜨렸기 때문이다. 부산이나 인천의 노인들은 한결같이 예전엔 조개가 많았다고 증언하는데, 심지어 갯벌이나 모래사장을 밟으면 '빠그락 빠그락' 소리가 났다고 한다. 조개가 너무 많아 발에 밟히면서 부서지는 소리였다.

'ᄋ 마라톤' 하나, '재건' 하나 주세요

마라톤이라고 불리는 해물전만큼이나 유명한 게 재건(再建)이다. 재건에서는 1960~1970년대의 기운이 풍긴다. 전형적인 1960년대, 박정희 시대의 유산이다. 당시 정권을 쥔 정부는 새로운 세기를 열어간다는 의미에서 재건이라는 말을 공식적으로 썼다. 재건복, 재건주택, 재건담배……. 무엇이든 재건을 붙이던 시대였다. 김 씨 부부가 새로 개발한 해물볶음의 이름도 그렇게 해서 재건이 됐다. 김 씨 할머니의 설명이다.

"마라톤도 재건도 다 손님이 붙인 거지. 해물 사다가 찌짐만 하지 말고 볶으면 어떨까 했는데, 다들 좋아해요. 메뉴 이름이 따로 없으이 손님들이 '고마 재건이라꼬 해라' 이러데예."

찌짐, 즉 마라톤 한 장에 80원 했다. 지금은 1만 5,000원. 세월이 그만큼 흐른 것이다. 마라톤 말고도 새로운 메뉴가 필요했다. 술집엔 뜨끈한 국물 메뉴가 있어야 하는 법. 마침 남편의 친구가 인근의 유명한 요정 명월관의 요리사였다. 닭 삶은 육수에 일본식으로 어묵과 소 힘줄(스지)을 넣어 삶았다. 감칠맛이 기가 막혔다. 오뎅이 있으니 자연스레 청주도 팔았다. 됫병들이를 사다가 미군 부대에서 나온 콜라병에 덜어 데워냈다. 그러니까 마라톤집은 일제강점기(오뎅과 청주), 전쟁, 피란(창업하게 된 발단), 미국 문화(콜라병), 박정희 정권(재건) 같은 현대사가 안주에 그대로 녹아 있는 집이다. 일본식으로 '오뎅'과 '정종'을 팔게 되었는데, 이때 생긴 유별난 주문법이 바로 넥타이라는 희한한 주문법이다.

"브랜드가 백화수복과 금관 청주가 있는데, 수복이 더 비싸거든요. 문제는 콜라병이 다 똑같잖아요. 그래서 둘을 구별하기 위해 백화수복을 담은 콜라병에는 빨간색 철사를 걸어두었어요. 그게 넥타이 닮았다고 사람들이 '넥타이 한 병!' 이케 외치기 시작했지요."

은퇴한 시어머니 김 씨의 뒤를 이은 맏며느리이자 2대 안주인 조 씨의 설명이다. 그때의 넥타이는 사라졌어도 청주는 여전히 잔술로 팔고 있다. 오뎅에 청주, 일제 때 시작된 식민음식사의 면면한 현재다. 그리고 우리 음식사의 중요한 또 하나의 장면이기도 하다. 당시에는 청주를 잔술로 마시면 바둑돌을 놓아서 그 수를 표시했다. 일어설 때 바둑돌 수가 곧 마신 술의 양이었다. 운치 있는 표기법이었다. 요즘에 다들 '포스'라고 부르는 컴퓨터 시스템에 기입하고 있는 걸 보면 말이다.

"요새 젊은 사람들은 청주 잘 안 마십니다. 겨울에나 조금 나갈까 싶고."

그래도 청주는 악착같이 메뉴에 살아 있다. 아무도 청주를 시키지 않더라도 이 메뉴는 마라톤집의 역사와 함께할 것이다. 이 집 어묵탕 맛은 몇 가지 비결이 있는데, '씨 육수'가 그중 한 요소다. 미리 육수를 뽑고, 일정하게 계속 중탕해서 채운다. 무도 부드럽게 육수를 빨아들인 상태를 유지하기 위해 이틀 동안 삶는다. 정성이 맛을 내는 것이다. 쉬는 일요일이 있으면 월요일에 쓸 육수를 뽑기 위해 쉬는 날에도 나와서 불을 땐다. 겨우 한 달에 두 번 쉬는 휴일을 반납하는 것이다. 어묵도 오래 거래하는 집이 있다. 노포를 취재하다 보면 몇 가지 공통점이 있는데, 그중 하나가 여간해서는 거래처를 바꾸지 않는다는 점이다. 부전시장의 어묵집에서 계속 대다 쓴다. 값을 깎지 않는 것도 중요하다.

♨ 오로지 맛에만 집중하는 경지

요즘 마라톤집은 제법 찾기 쉽다. 거대한 롯데백화점 서면점 옆에 있기 때문이다. 그 자리에는 원래 명문 부산상고(현 개성고)가 있었다. 노무현 전 대통령의 모교다. 서면의 지도는 조금씩 달라지고 있지만 마라톤집은 옛 모습을 거의 그대로 지키고 있다. 대개 노포들은 창업 후 자리를 몇 번 옮긴다. 도시계획이나 영업 확장으로 더 큰 가게로 옮기는 경우가 많다. 그러나 마라톤집은 옛집 그대로다. 두 번의 리노베이션을 거친 게 전부다. 가게 한 구석에 걸려 있는 옛 사진에 마라톤집의 역사가 보인다.

가게 간판은 손님이 가져다 붙였다. 지금은 가게 한쪽에 전

시하듯 붙어 있는 '마락돈(馬樂豚)'이 그것이다. 나름대로 마라톤의 한자어 음차다. 이렇게 마라톤집은 크게 흥했다. 비슷한 스타일로 영업하는 집이 미화당 백화점 뒷골목에 10여 곳이 있을 정도였다. 아예 이런 집들을 통틀어 마라톤집이라고 불렀다. 일종의 '일반명사화'된 것이다. 해물전 안주에 술을 마시는 부산의 문화였던 것이다.

요즘 방식대로 하면 이 집이야말로 전형적인 고객 중심 영업을 50년 전에 시작한 셈이다. 손님이 알아서 이름을 정하고, 간판도 갖다 붙이고, 스타일을 정한다. 그런 손님들 입장에서는 당연히 '내 집'이 되니 장사가 안 될 수가 없다. 주인과 손님의 관계가 수직이 아니라 수평적이며 나아가 연대감이 있다. 이런 자발성은 영업 실적을 일구고, 애정을 끌어낸다. 장사하는 사람들이라면 반드시 기억해야 할 대목이다. 이 자발 영업의 무대를 보고 싶다면 언제든 고속 열차를 타면 된다. 물론 안주 맛, 술맛이야 더할 나위가 없다.

오래전 서른다섯에 시작해 일흔에 은퇴한 김 씨는 며느리에게 전권을 넘겼다. 며느리 조 씨가 유서 깊은 마라톤집의 '역사'를 관리한다. 그이도 하루 종일 앞치마 두른 채 마라톤을 부치고 재건을 볶는다. 그저 어머니 김 씨의 예를 따를 뿐이다. 조 씨도 벌써 아들 둘을 장가보내 며느리가 둘이다.

필자 또래의 나이라면, 이런 집에서 깊은 안정감을 느낄 것이다. 맛도 뭐랄까, 근원의 맛에 더 닿아 있다. 좋은 재료, 정확한 요리, 그리고 사심 없는 마음. 요즘 맛집이며 미식이며 하는 세태를 보면 지나치게 즉물적이다. 이른바 고급 요리란 화려한 인테리어에 호사스러운 서비스, 비싼 접시, 고급 재료나 미슐랭, 유학파 같은 딱지에 집중되어 있다. 그러니 사람들이 찾는 진짜 맛은 옥쇄되어 쓸쓸한 저 구석에서 혼자 방치되어 있는 듯하다. 쉽고 단순하며 맛있는 요리를 하는 건 가장 어려운 수준에 도달했을 때 가능한 일이다. 어떤 호도나 왜곡도 없이 맛의 정점을 표현하는 것 말이다. 아무 장식 없이 오직 맛에만 집중하는 그런 경지가 이 집의 메뉴들엔 깃들어 있다.

세대 초월 사랑받는 마라톤집의 비결

메뉴도 세월에 따라 조금 바뀌었다. 빈대떡이 추가되고 안주도 몇 개 더 생겼다. 빈대떡은 며느리 조 씨의 작품인데, 이것 역시 선대의 역사를 잇고 있다 해도 된다. 원래는 집안에서 부쳐 먹는 음식이었다고 한다. 막부치라는 이름이다. 이 전은 아주 오래전부터 황해도의 전통 음식으로 여러 기록에도 나온다. 조 씨는 처음 시집와서 집에서 한 '다라이'의 빈대떡을 부쳤다고 한다. 이 빈대떡은 특유의 깊은 맛이 있는데, 비결이 또 있다. 돼지 뼈 육

수로 밑 맛을 내는 것이다.

"시집와서 광을 보니 돼지고기가 걸려 있어 깜짝 놀랐어요. 시댁이 돼지고기를 아주 좋아하십디다. 황해도의 전통이라고 하시데예. 그걸로 왕만두도 만들고, 빈대떡도 부치고."

거기서 받은 영감이 다시 마라톤집의 새로운 메뉴로 인기를 끈다. 메뉴를 추가한 이유 중 하나는 젊은이들의 기호가 달라지고 있기 때문이다. 어묵탕에도 토란은 넣지 않는다. 술도 소주가 대세다. 젊은이들이 이 술집의 새로운 세대를 이룬다. 자신들만의 기호가 있는 그들이 이 유서 깊은 집에 앞다투어 들러주는 것이 신기할 뿐이다.

"그래도 잊지 않고 오시는 신사들이 반갑지예. 50대 이상 되신 분들이 술 마실 곳이 요새 참 드물다 아입니꺼. 우리 집이라도 그런 분들 반기고 해야지예."

노포다운 마음 씀씀이다. 이 집은 초저녁에는 나이 든 세대가, 그 후에는 새벽까지 젊은 세대가 점령한다. 그래도 안주는 초저녁이든 밤이든 전통의 마라톤과 재건, 어묵탕이 인기다.

오후 4시면 열고 새벽 2시에 닫는다. 첫째·셋째 일요일에 쉬는데, 휴무일조차 전통을 지키고 있다. 1970년대 무렵부터 식당·술집들은 월 2회 휴무가 오랜 전통이었다(그 전에는 물론 연중무휴이거나 월 1회였다).

선대인 민 씨 부부는 이북 관광도 가지 않았다. 고향도 아닌 동네, 가고 싶지 않다는 뜻이었다. 하지만 조 씨는 통일이 된다면 이북에 가볼 것이다. 그리하여 황해도의 '막부치'가 어떤 맛인지 확인해볼 것이다. 역사는 그렇게 이어진다.

상호 마라톤집 **창업 연도** 1959년 **창업주** 민병현, 김원희 부부 **주소** 부산 부산진구 가야대로784번길 54(부전2동 519-13) **문의** 051-806-5914 **대표 메뉴** 마라톤, 재건, 오뎅, 빈대떡 / 이 집의 메뉴에는 50년의 세월을 느낄 수 있는 추억의 맛이 있다. **가격** 1만 5,000~2만 3,000원

주인의 성품이 고스란히 업력으로 이어지다

• 서울 문경등심 •

"

여기 이모들은 안 바뀌어서
아주 진력이 나.

"

창업 연도 : 1986년

청계천 건너 을지로3가역과 을지로4가역 사이, 그리고 남산 쪽으로, 다시 충무로로 이어지는 거대한 상업 지구를 한마디로 일컫는 말은 없다. 인쇄소 골목이라고도 하고, 그냥 크게 '을지로'라고 부르기도 한다. 종로에서 넘어온 세운상가가 이어지고, 그 수직적인 주상복합건물 라인 아래 좌우로 인쇄소 말고도 다양한 가게들이 들어서 있다. 한때 영화관이 밀집해 있었고, 이른바 맛집의 최대 경쟁 지역이기도 했다. 서울에서는 몇 안 남은 '골목'이 유물처럼 남아 있는 곳이기도 하다. 요즘은 레트로 바람을 타고 젊은 사람들이 몰린다. 강북에서 '인스타그램' 노출이 제일 잦은 지역이기도 하다.

"여기는 종이 파는 지업사랑 인쇄소가 많았어요. 월급쟁이들도 바글바글했고, 보험 하는 양반들도 많았어요. 기술자들, 배달꾼들, 뭐 그냥 오는 사람들로 복작거렸지요."

70대에 접어든 문경등심 천양순 사장의 말이다. 등심집인데 왜 삼겹살 맛집으로 유명한지 먼저 물었다. 여러분도 이게 제일로 궁금하지 않은가.

간판 따위 대수랴, 깊은 내공에서 나오는 여유

"이 집이 원래 내 가게가 아니었어요. 그냥 산 거야. (웃음) 간판을 뭘 바꿔. 그냥 쓴 거지."

나도 웃었다. 천 사장은 독특한 캐릭터의 인물이다. 노포 취재를 하면 으레 듣는 고생담도 손사래를 친다.

"난 한 게 없어요. 직원들이 다 했지. 난 김치 한 번 안 담갔어요. 난 운이 좋은 사람이에요."

얼굴에 여유가 가득하다. 태평하달까, 고생이 없을 리 없었을 텐데도 원래 타고난 성격이 그런 양반이다.

문경등심은 원래 등심집이 맞다. 천 사장이 남편 임진수 씨와 함께 가게를 인수한 게 1986년이다. 꼬박 35년째다. 그러니까 남의 가게를 인수해서 간판도 그대로 쓴 거다. 가게를 인수했으면 새로 이름 짓고 간판도 내고 자기 개성을 드러내 보이는 게 보통 아닐까.

"뭐 하러 새로 뜯고 그래요. 그냥 가게 잘하면 그만이지, 그렇게 생각했어요."

듣다 보니 이 가게를 하기 전에 인근에서 '오륙도'라는 한식집을 5년 동안 경영했는데, 그 집 이름 역시 자신들이 만든 상호가 아니란다. 그러니까 간판 따위 관심이 없는 분들이라는 얘기가 된다.

이 부부는 전라도 출신이다. 남편은 정읍, 천 사장은 광주다. 1974년에 서울에서 결혼하고, 이 근처에서 분식집 겸 튀김집을 했다. 6평짜리였는데, 장사가 엄청 잘됐다. 그러므로 을지로에서 먹는장사 업력이 47년째다.

"라면이랑 튀김이 잘 팔렸어요. 프라이드치킨도 팔았어요. 당시 60만 원짜리 압력계 달린 장비를 사서 닭을 튀겼지. 장사가 잘돼서 오륙도 자리로 옮겨 정식으로 식당을 하기 시작한 거지."

남편 임 씨의 말이다. 프라이드치킨이 이미 1970년대 중반에 히트를 치기 시작했고, 당시 압력을 높여 닭을 빨리, 맛있게 튀기는 방식이 도입되었던 것이다. 60만 원짜리 기계면 현 시가로 1,000만 원은 넘을 듯하다. 기계가 비싸던 때였다. 하여튼 이 부부에게는 그런 일도 있었다. 상에 삼겹살이 깔린다. 시식을 해본다.

"우리 삼겹살은 좀 달라요. 원래부터 브랜드 육을 썼어요. 생삼겹살이 유행이 되어도 냉동이 낫더라구, 우리는."

1970년대가 냉동 삼겹살이 유행했던 시기였다. 당시 냉장육 사정이 좋지 않았고, 냉동이 작업도 편해서 널리 퍼졌다. 얇게 자를 수 있으니, 빨리 구울 수 있었다. 그만큼 회전도 좋았다. 그리하여 냉삼은 얇은 것이 표준이다. 한데 이 집은 좀 두껍다. 3밀리미터 이상이다.

"그 두께가 딱 좋더라고. 먹기 좋게 구웠을 때 육즙이 안 빠지고 맛이 좋아야 해요."

냉삼의 문제는 언 고기가 익기 시작하면 육즙 손실이 많다는 점. 희한하게도 문경등심에서는 그런 손실이 적다. 고기가 두툼한 쇠 불판에서 구워지는데, 수분이 거의 빠지지 않고 다 익는다.

"우리 불판이 40년 넘은 건데, 한 번도 바꾸지 않았어요. 아마도 고기 두께, 불판이 좋아서 그런 것(육즙 손실 문제)이 없는 거 같아요."

브랜드 육은 요즘에는 꽤 흔하게 볼 수 있지만, 예전에는 아주 드물었다.

"처음부터 브랜드 육을 많이 썼어요. 제일제당 꺼 쓰다가 이젠 하이포크야."

제일제당이 돼지고기 시장에 들어온 역사가 있다. 지금 에버랜드 자리가 삼성이 야심 차게 시작한 돼지 축산 산업의 기점이었다. 현재는 주로 사료에 주력하고 있다. 하이포크로 브랜드를 바꾼 이유다.

♨ 사람 좋은 가게가 잘되는 이유

삼겹살이 익는다. 이 집의 또 다른 자랑인 파무침을 얹어 쌈을 싼다. 옛날식이다. 이 삼겹살을 먹으러 사람들이 저녁에 줄을 선다. 다 먹고 나면 볶음밥도 기막히다. 옛날 맛이 상기된다. 그래, 이 맛이었어!

"점심이 원래는 줄이 길었지. 요즘 이 근처 회사가 많이 빠지고, 인쇄소, 지업사도 줄면서 점심은 옛날만 못해요."

백반 한 상도 청해본다. 단돈 7,000원에 제대로 구운 생선 한 토막에 반찬이 열두 가지다. 처음 시작할 때 1,000원 정도 했던 걸로 기억한다. 천 사장은 가게 성공의 비결은 직원 복이 많아서 그렇다고 한다. 15년, 20년이 기본이다. 최장기 근속자는 안옥순 씨다. 홀도 챙기고 주방 일도 한다. 분식집 하던 1981년 열여덟 살에 들어와서 현재도 일한다. 40년 차 직원이 있는 가게다. 놀랍다(삼겹살을 먹고 나면 안 씨의 귀신같은 삼겹살 볶음밥 솜씨를 봐야 한다).

"손님들이 '여기 이모들은 안 바뀌어서 아주 진력이 나' 하고 농담을 해요."

천 사장은 직원들이 오래 일하고 있는 걸 자랑스러워한다. 사장 인덕이 있어야 가능한 일이다. 그 속사정이 얼마나 깊을지 짐작할 뿐이다.

사장 말대로 냉삼이 순식간에 사라진다. 맛있다. 1인분에 180그램이니 후한 양이다. 다시 한 판이 올라간다.

"사실, 냉삼이 생삼보다 많이 먹혀요. 매출이 더 나옵니다. 손님도 배불리 드시니 기분 좋고. 이 고기는 별로 안 남아요. 우린 '정삼'만 팔거든요. 자투리는 아낌없이 잘라냅니다. 양도 많이 드리는 편이고, 가격도 안 비싸고. 그런 걸로 파는 것이지요."

남편 임 씨의 말이다. 정삼이란 도축 후 삼겹살이 제대로 잡힌 부위만 잘라내며, 그 고기를 받아온 후에 가게에서 낼 때도 품질이 떨어지는 쪽은 쓰지 않는다는 뜻이다. 비싼 삼겹살인지라 사실 지방과 고기가 고르지 않은 부위도 함께 내는 게 보통이다.

1990년대, 경제 발전과 함께 을지로는 폭발적인 지역이 되었다. 인쇄 경기는 엄청나게 좋아졌고, 빌딩이 올라가면서 이른바 화이트칼라 월급쟁이들도 많이 늘었다. 그들이 이 동네의 먹는 경기를 띄웠다.

"하루에 삼겹살 일곱 판도 팔아봤어요. 그때는 밤 열두 시까지도 사람들이 고기를 먹었어요. 술을 마시고. 대단했지요."

돼지 한 마리에서 삼겹살 두 판이 나온다. 일곱 판이면 대략 50킬로그램 내외다. 자투리를 빼도 200인분 이상 삼겹살을 팔았다는 얘기다. 대단한 시절이었다.

이 부부는 이 일대에서 사람 좋기로 소문이 났다. 남편은 기

부 활동도 많이 하고, 지자체 봉사도 열심이다. 칠순 기념 여행을 가려고 준비한 500만 원도 포기하고 기부했다. 현재 이 가게에는 딸과 사위가 대를 잇기 위해 같이 일하고 있다.

삼겹살을 다 먹었다. 아쉽다. 등심은 없는 '문경등심'이다. 우리들이 살아온 1970년대부터 2000년대의 사연이 다 녹아 있는 가게다. 같이 마신 소주가 아니라 훈훈한 사람들의 정에 마음이 더워졌다.

상호 문경등심 **창업 연도** 1986년 **창업주** 천양순 **주소** 서울 중구 을지로18길 11(인현동1가 27-2) **문의** 02-2279-0610
대표 메뉴 삼겹살구이 / 육즙이 풍부한 두꺼운 냉동 삼겹살이다.
가격 1만 3,000원

손님들의
기억과 유대로
이어지다

• 서울 용금옥 •

"
용금옥이 아직도 있습네까?
"

창업 연도 : 1932년

업력으로만 식당의 등급을 논할 수는 없지만, 오래된 식당에 기대는 우리 마음에는 분명한 게 있다. 오래도록 살아남았으니 내용이 충분하지 않겠느냐는 것이다. 그래서 사람들은 노포를 찾고, 추억을 새긴다. 무교동 시대를 열었던 용금옥도 그중 하나다. 서울에서 가장 오래된 한식당을 꼽을 때 세 번째 손가락에 올라가는 곳이 바로 용금옥이다.

‘용금옥 시대’가 시작되다

서울은 탕의 고향이다. 특히 노동하는 음식인 설렁탕, 해장국, 추탕(추어탕)이 모두 서울의 식당 역사를 기록하는 품목들이다. 피맛골 쪽의 옛 지명인 이문(里門)을 상호로 쓰는 이문설렁탕, 이름도 독특한 잼배옥, 청진동의 해장국 전설인 청진옥 등이 서울을 살아온 사람들의 중첩된 ‘기억’이다. 서울에 노동하는 음식이 발달했다는 것은 사뭇 복합적이다. 서울은 수도로 오랫동안 기능했다. 국왕과 왕가가 조선 왕조 개국에 따라 거주했고, 행정 시설이 몰려 있었다. 경향 각지의 양반들이 살고 있거나, 과거에 급제하여 이주한 도시이기도 하다. 한마디로 말해 물목의 소요가 많고, 노동을 하는 인구가 많을 수밖에 없었다. 이들이 먹는 음식을 만들어 공급하는 식당과 주점이 생겨났다. 한 그릇 얼른 비우고 일하기에 가장 좋은 음식이 바로 '탕'이었다. 반찬 가짓수가 거의 없어서 빨리 먹을 수 있었다. 이런 내력은 지금도 이어져 한 상 가득 반찬을 차리는 습속에서도 탕 요리만큼은 깍두기나 김치 한 그릇을 내도 별다른 불만이 없다. 이런 노동하는 음식은 양반과 심지어 왕에게도 은밀히 사랑받았다. 지금은 거의 흔적도 없는 무교탕반이 그 실례로, 설렁탕과 비슷하지만 양지머리를 써서 고급화시킨 탕국밥이다. 이 음식을 먹기 위해 왕이 변복을 하고 저잣거리에 몰래 들르기도 했다는 기록도 있다.

용금옥이 생긴 건 1932년이니, 현대사의 고단한 역사를 그대로 안고 있는 집이다. 이곳이 식당은 밥 먹는 집이라는 통념과 달리 현대사에서 늘 거론되는 건 이유가 있다. 해방 전부터 민족지사와 문사, 예술인들의 사랑방이었고, 해방 후에는 야당 정치인과 기자들의 발길이 끊이지 않았기 때문이다. 오죽하면《용금옥 시대》(1993)라는 단행본이 출간되었겠는가. 항일 투사이자 공보 쪽 공무원을 오래 지냈으며 시인이기도 한 이용상 씨가 펴낸 책이다. 이 책은 시인 구상과 변영로 같은 전설적인 풍류 선비들이 용금옥을 무대로 펼친 기행을 싣고 있는데, 갈피마다 현대사의 주요 장면을 끼워 넣고 있다. 그래서 용금옥이 식당을 넘어 현대사의 무대로 우리 역사에 남아 있는 것이다.

1953년 휴전회담이 한창일 때 북쪽 대표단 중 한 명이 남쪽 대표부에 "용금옥은 아직 잘 있습니까?" 하고 물어서 화제가 된 적이 있다. 서울에서 살다가 월북한 인물의 발언이었다. 이 발언이 신문에 크게 소개되면서 용금옥이 입길에 올랐던 것이다. 그뿐만 아니라 남북 화해 시기에 북한의 연형묵 총리(그는 서울 출신이 아니다. 함경북도 경원군이 고향이다)가 서울에 온 적이 있었다. 그가 이틀 연속으로 용금옥에 들러 추탕을 먹으면서 다시 한번 용금옥의 가치를 입증한 적도 있다.

〈서울신문〉 김동석 논설위원은 또 다른 증언을 하고 있다. 1985년에 북한 예술단의 서울 방문 때 〈로동신문〉 리길성 편집국장이 그에게 "용금옥이 아직도 있습네까?" 하고 물었다는 것이다. 리길성은 배재학교 출신의 월북 인사다. 심지어 김일성의 친동생인 김영주가 용금옥에 들른 사실도 있다. 앞의 책에 거론되어 있는데, 이용상 씨가 중국에서 항일 투쟁을 할 때 동료였다는 것이다. 광복이 되어 서울에서 재회했을 때 두 사람이 추탕 안주에 술을 마시며 엉엉 울었다고 쓰고 있다.

까다로운 언론인들의 입맛을 사로잡은 집

용금옥은 신석숭 씨와 아내 홍기녀 씨가 문을 열었다. 개업 자리는 지금의 코오롱 빌딩이 있던 곳이다. 이후 1970년대 도심 재개발로 길 건너 다동으로 옮겨갔고, 현재 장남의 아들이 운영하고 있다. 창업자의 셋째 며느리 한정자 씨는 시어머니 홍 씨의 뒤를 이어 다동에서 탕을 끓이다가 현재는 통인동에서 영업한다. '한국인' 시리즈로 유명한 〈조선일보〉 이규태 논설위원에 의하면, 현 코오롱빌딩 자리에 있던 용금옥이 아주 크고 실했던 모양이다. 길가에 자리 잡고 있다가 헐리면서 다동 골목으로 들어갔다고 증언하고 있다. 어쨌든 지금 용금옥은 두 곳에서 영업하고 있다.

필자는 20여 년 전에 간혹 다동 용금옥을 들르곤 했다. 선배들이 일종의 '성지순례' 차원에서 반드시 거쳐 가는 곳이라 따라 가게 되었다. 선배라고 해봤자 30대 중반이었으니, 지금 생각해 보면 그들도 용금옥에서 어깨 펴고 먹을 나이는 아니었다. 가게 안에 머리 허연 노언론인들이 득실거려서 도저히 음식을 먹을 수가 없었다. 한잔 마시려면 선배들이 우르르 일어나 인사하는 바람에 나도 덩달아 일어나 고개를 숙여야 했던 것이다. 그 당시 기억으로 '아니, 좀 편한 데서 먹지 굳이 이런 좁고 불편한 집에 와야 하나' 그랬다. 하지만 다 이유 있는 방문이었고, 언론인들끼리 유대를 맺는 유전자 물리기의 일환이 아니었을까 싶다. 용금옥에 들러 한잔 걸쳐야 언론인답다, 뭐 이런 정서가 흐르고 있었던 것이다. 필자의 기억으로는 좁디좁은 방에서 추탕에 낙지데침이나 모둠전 같은 너무도 수수한 맛의 안주(당시 필자의 입맛에)를 놓고 격론을 벌이며 술을 마시는 언론인들이 이해가 안 되었다. 그것이 선배들을 따라 서울 시내의 기자들이 치르는 '술집 수업'이라는 것이었다.

추탕 한 그릇을 먹어본다. 자극적이고 센 맛의 경상도나 전라도식 추어탕에 길들여진 혀로는 금세 맛을 감지하기가 어렵다. 이것이 '서울식'이다. 심심하면서도 길게 끌고 가는 맛이 있다. 푹 곤 곱창과 양에 두부와 파, 버섯 등을 넣고 밀가루로 농도를 낸 후 미꾸라지를 넣어 끓이는 것이 바로 서울식 추탕이다. 전 국회의원이자 경제인이었던 김성곤 씨는 서울 음식을 회고하

며 추탕은 서울 음식의 한 전형이면서 가을 음식이라고 못 박는다. 붉은 고추가 생겨나는 때가 가을이요, 표고버섯 같은 햇버섯을 넣는 전통도 바로 가을이기 때문에 굳어진 것이라는 뜻이다.

"서울에서는 추어탕이라 하지 않고 그냥 추탕이라고 하지요."

통인동점을 지키는 주인 한 씨의 말이다. 서울식은 미꾸라지를 갈지 않고 그냥 '통마리'로 넣는 것도 특징이라고 덧붙인다. 곱게 갈아 체에 내려 뼈를 추려내고 만드는 것이 남도식이다. 서울에서 파는 추탕이라 해도, 이제는 남도식이 대세다. 서로 우열이 있을 리 없지만, 서울식이 오래 남아서 추탕의 다채로움을 자랑했으면 한다.

서울식 탕의 특징 중 하나를 앞서 김성곤 씨는 "호되게 매운

맛"이라고 했는데, 이는 초피와 관련이 있다. 보통 산초라고 잘못 알려진 이 초피 가루는 추탕의 매운맛을 지지한다. 그냥 고추가 달고 매운 맛이라면, 초피는 얼얼할 마(痲)에 해당한다. 얼얼하게 맵다는 뜻이다. 마란 마취, 마비에 쓰는 한자어다. 요즘 중국에서 들어와 인기 있는 마라탕(麻辣燙)은 '저릴 마'에 '매울 랄'이 합쳐진 이름이다.

탕 문화권, 가을에 추어를 끓이다

우리의 탕 역사는 너무도 오래되어 한반도에 금속 문화가 생기고 정치체제가 확립된 시기부터라고 학자들은 보고 있다. 탕을 끓이려면 금속제 솥이 필요하다. 전형적인 국물 요리, 탕 요리 문화권에 속해 있다. 탕은 뜨거워야 제맛이다. 이와 달리 서양은 상온식 문화권이라고들 한다. 흔히 서양에서는 수프를 즐겨 먹는 것 같지만, 실제로는 건식과 냉식(차갑다기보다 데우지 않는다는 뜻)이 주요 식사다. 빵에 햄이나 치즈를 끼워 한 끼 거뜬히 해결하고, 국물 요리가 식탁에 오르는 경우가 흔하지 않다. 또 국물 요리라고 해도 현대에 와서는 대부분 아주 뜨겁게 먹지는 않는다. 스테이크의 경우를 보더라도, 우리는 혀가 델 정도로 뜨거운 고기를 불판에 구워 그대로 먹지만 서양에서는 한 김 식힌다. 이는 육즙을 고루 돌게 안정화하는 과정인데, 뜨거운 고기를 먹지 않는 습속과도 관련이 있다. 그래서 한국의 전통 요리라면, 김치 같은 발효 채소와 함께 탕 요리는 반드시 첫손가락으로 꼽게 된다.

추어는 미꾸라지나 미꾸리를 점잖게 부르는 이름일 것이다. 언젠가 택시를 타고 가는데, 영등포 근처를 지났다. 기사 아저씨와 이런저런 얘기를 하는 중에, 갑자기 그가 울컥하는 게 아닌가. 그가 '비정상'인 상태가 아닌가 싶어 겁이 덜컥 났다. 운전대 잡은 이에게 목숨을 거는 것이 승객이니까 말이다. 그가 잠시 후 사과하더니 말을 이었다.

"여기 오른쪽 영등포가 내 고향입니다. 예전에는 이곳에 논이 있었어요. 가을 되면 아버지랑 두렁 쳐서 미꾸라지 잡아 탕 끓이고 볏짚에 구워 먹던 생각이 나서 그만……. 아버지가 보고 싶네요."

다시 한번 그를 보니 이미 환갑은 지났을 만한 나이였다.

추수하기 전, 한가할 때 활력을 보충하기 위해 논에 물을 빼고 미꾸라지를 잡아 탕을 끓이는 것은 논농사 중심인 한반도에서 아주 흔한 풍습이었다. 그래서 추탕의 양념은 된장과 고추장 정도다. 김장을 하기 전이라 김치는 흔하지 않기 때문에 김치 넣은 추탕은 보기 힘들다. 음식은 삶의 조건에서 만들어진다. 그리고 추어 잡는 것이 오직 몸보신과 미각을 위한 것은 아니었다. 가을이 되어 벼가 익으면 냉해를 막기 위해 논에 물을 빼야 했던 것이다.

전설적 인물들이 사랑한 용금옥

다시 다동 용금옥 안방으로 들어가 보자. 사람 좋아하고 인간미 넘쳤던 신석숭 씨는 대단한 한량이었다고 한다. 이용상의《용금옥 시대》는 신 씨의 멋과 아내 홍 씨의 너른 품성을 많은 페이지에서 소개하고 있다. 신 씨는 활쏘기를 즐겼는데, 술은 한 잔도 못했다고 한다. 그는 유언으로 계산대 옆 '미원' 깡통(당시 조미료는 고급이어서 캔에 넣어 팔았다)에 보관하고 있던 외상 전표를 모두 불태우라 했고, 유족들은 그 유언을 정확히 집행해서 또 한 번 단골들을 감읍하게 한 사연도 있다.

당시 용금옥 단골로는 앞서의 인물 외에도 거물이 워낙 많았다. 월탄 박종화, 팔봉 김기진, 공초 오상순, 정지용, 언론인으로 선우휘를 비롯한 많은 인물이 있었다. 선우휘는 당시 〈조선일보〉에 "해방 후 용금옥 추탕을 먹어보지 않은 언론인은 가짜다"라고 기술했을 정도였다. 그가 어느 날 용금옥을 들렀을 때 홍기녀 씨가 돌아가셨다는 소식을 듣고 안타까웠지만 셋째 며느리가 옛 맛을 지켜가고 있으니 인간문화재로 지정해주어야 하지 않겠느냐는 기사를 신문에 실은 적이 있다.

그 셋째 며느리가 바로 한정자 씨다. 홍 씨는 1982년에 73세를 일기로 작고했다. 듣기로 전설적인 안주인 홍기녀 씨는 나긋한 성품이 아니었다고 한다. 그러나 단골들의 다수를 이루던 야당 인사들을 격려하고 안주를 내며, 심지어 이들에게 아픔이 있을 때는 밤새 함께 통음하던 정이 있었다고 전한다. 며느리와 장을 보러 다닐 때의 일화인데, 절대 물건값을 깎지 못하게 했다는 것은 용금옥이 왜 우리가 기억할 집인지 알려주는 대목이다.

용금옥이라는 이름은 창업자 신 씨가 작명했다. 샘솟을 용, 돈 금. 그러나 실제로 돈은 벌지 못했다. 외상 많이 주고, 좁은 가게에서 무슨 돈을 벌었겠는가.

용금옥이 자리 잡고 있는 다동과 무교동 일대는 지금도 유명한 음식 골목인데, 과거에도 그랬다. 무교동(武橋洞)은 말에서 암시하듯 군기시(軍器寺)에서 따온 것이라고들 한다. 일제강점기에는 이 일대가 근처 다동과 함께 환락가가 되었는데, 기생 조합이 있을 정도였다.

서울의 노포 중에서 용금옥 말고 형제추탕이나 황보추탕을 거론하는 사람들이 있다. 추탕은 분명 서울의 핵심 음식인 듯하다. 용금옥의 단골이기도 했던 수주 변영로 선생은《명정 40년》이라는 음주 회고담의 걸작(?)을 펴냈다. 본디 문사나 양반은 음

식 먹는 얘기를 금기로 알고 있던 게 아닌가 싶을 정도로, 우리 글에는 그런 내용이 참 드물다. 그래서 이 책은 아주 긴요하고 중요한 기록물이기도 하다(지금도 문고판 그대로 팔리고 있으며, 전자책으로도 나온다). 그는 추탕을 거론하고 있는데, 당시 화동에 있던 '황보추탕'이라는 곳이다. 화동이라면 경기고등학교가 강남으로 이사 가고 그 교사(校舍)를 리모델링하여 정독도서관이 있는 자리이니 독자들도 알 만할 동네다. 그는 이 집을 "간이주점과 해정술집의 대명사였다"라고 회고하고 있다.

추탕집은 본디 술집 몫을 했다 할 수 있다. 미꾸라지가 사철 풍성하게 잡히지는 않았기 때문이다. 그래서 뭔가 안줏거리를 팔았을 것이다. 용금옥에도 늘 다양한 안주가 있었다. 이 밖에 '해정술집'이라는 말이 독특한데, 우리가 요즘 쓰는 해장의 원어다. 해장(解腸)이 아니라 해정(解酲)이라는 뜻이다. 정은 '숙취 정' 자다.

오랜 역사가 보증하는 추탕의 맛

용금옥 단골이 기억하는 메뉴 중에는 송치가 있다. 일종의 송아지찜인데, 요즘은 찾아보기 힘들고, 통인동점에서도 하지 않는다. 그러나 술안주로 먹을 요리들이 꽤 된다. 원래 용금옥은 탕

한 그릇 먹고 가는 집이 아니라, 소박한 안주에 통음하는 곳이었기 때문이다. 그래서인지 미꾸라지부침(미꾸라지튀김) 같은 요리 솜씨가 범상치 않았다. 튀김은 기막히게 바삭하다. 이런 안주에 '주발'이라고 부르는 술을 마셨다.

"네, 밥그릇 주발 말이에요. 그게 이유가 있어요. 일제 때 금주령이 있고, 배급도 있었잖아요. 술이 떨어지면 밀주를 만들었는데, 단속이 두려워서 손님들이 밥주발에 술을 담아 마셨답니다. '주발 하나 주시오' 하면 알아서 담아냈던 것이지요."

용금옥 최대 고객이었던 괴짜 수주 변영로에 대한 기억도 한 씨는 주발로 알고 있다. "드신 주발 숫자를 모두 더해두었다가 월급날 계산하셨다고 합니다."

요새 주발에 담아내는 술은 김포 특주다. 그냥 막걸리가 아니고, 잘 담가서 맛이 매우 좋다. 입에 짝짝 붙는다는 말은 이럴 때 쓰는 거다. 한 씨 본인은 술을 못하지만, 용금옥의 오랜 역사로 골라낸 입맛이다. 주발을 마시고 추탕 한 그릇을 비우니, 배가 든든하고 땀이 흐른다. 이런 맛에 서울 살던 선배들이 용금옥을 찾았던 것이다.

남도 음식이 서울 음식을 거의 밀어낸 계기는 아마도 1970년대 이주 러시가 아닌가 싶다. 박정희 정권은 산업화를 위해 다양한 정책을 펼쳤는데, 여기에는 농촌의 노동력을 공단으로 유입하는 것이 포함되어 있었다. 당시 별다른 기술력이 없었으므

로 싼 노동력이 국가 경쟁력의 유일한 원천이었다. 도시로 몰려든 남도의 인구가 차츰 서울의 주력 인구로 성장하고, 경제성장과 외식업의 발달은 서울의 입맛도 바꿔놓았다. 서울 음식이라 할 만한 것이, 특히 외식업에서는 눈을 씻고 찾아봐도 찾기 힘든 것은 이런 역사적 현실이 큰 영향을 끼쳤다. 추탕을 말아내는 용금옥 같은 노포들(형제추탕, 곰보추탕 등)이 살아남아 있는 것이 오히려 특이한 현실이다.

추탕은 원래 가을 음식이지만 요즘은 양식 미꾸라지를 써서 공급이 원활하다. 미꾸라지를 먹는 건 한국 말고 일본도 있다. 일본에서도 보양식으로 추탕을 끓인다. 유럽에서 필자는 미꾸라지를 못 보았다. 아마도 논농사를 하는 곳이 아니어서 미꾸라지가 희귀하거나 없는 것이 아닐지 모르겠다. 혹 물을 대는 논농사를 짓는 밀라노와 토리노 사이의 큰 평원에는 미꾸라지가 있을지도 모르겠지만.

"용금옥의 명성이 늘 부담돼요. 저도 나이가 있고 언제까지 할지 모르지만, 찾는 손님들을 위해 언제든 최고의 상태로 준비한다는 게 힘들기는 합니다. 더 나이 들어 탕 맛을 잘 모르게 되면 물려주어야지요."

통인동 길가, 그러나 안쪽으로 썩 물러앉아 있어 한갓진 느낌의 가게가 푸근하면서도 기품이 있다. 용금옥이다. 서울의 멋, 서울의 맛을 보려면 어찌 용금옥을 가보지 않을 것인가. 그윽하게 입에 붙던 추탕 맛이 아직도 입 안에 남아 있다.

상호 용금옥 **창업 연도** 1932년 **창업주** 신석숭, 홍기녀 부부
주소 서울 종로구 자하문로 41-2(통인동 118-5) **문의** 02-777-4749 **대표 메뉴** 추탕, 미꾸라지부침 / 자극적인 경상도와 전라도식 추어탕과는 달리 심심하고 길게 끄는 맛을 지닌 서울식 추탕이다. **가격** 1만 2,000~2만 8,000원

위치가 바뀌어도 손님이 끊이지 않는 비결

• 서울 열차집 •

"

열차집이 그리워
더듬더듬 찾아서 왔어.

"

창업 연도 : 1950년

어느 오후, 열차집 풍경. 한 노신사가 막걸리에 빈대떡 접시를 맛있게 비우고 난 뒤 직원을 불렀다. 그러고는 특이하게도 지갑째 직원에게 내밀었다. "계산 좀 해주시게." 직원이 노신사의 지갑에서 익숙하게 만 원짜리 한 장과 1,000원짜리 몇 장을 꺼냈다. 노신사는 필자와 눈이 마주치자 겸연쩍게 웃었다.

"내가 이 집 50년 단골이오. 늙어서 당최 눈이 안 보여, 허허."

그는 멀리 양평에서 왔다고 했다. 나이 들어 시력을 거의 잃어가는 중이다.

"그래도 열차집이 그리워 더듬더듬 찾아서 왔어."

광화문의 상전벽해를 모두 지켜보다

열차집은 피맛골이 붕괴(청진옥 편 참조)되면서 이곳 공평동으로 이사 왔다. 서운한 일이었다. 그래도 다행히 맞춤한 자리를 찾았다. 마치 오래전부터 영업하던, 그 자리에 늘 있었던 것 같은 느낌의 작은 점포를 얻었다. 그래도 피맛골 시대의 종언은 가슴 쓰린 일이다.

"당연하지, 가고 싶지. 여기서 멀리 저 건물이 보여요. 이제 피맛골은 가슴에 묻었어."

바깥주인 윤해순 씨는 멀리, 신기루처럼 우뚝 선 빌딩을 보았다. 저기 저 너머에 열차집이 있었다. 열차집이니 기적 소리라도 내야 할 것 같은, 어느 늦은 오후였다. 눈이 어두운 노신사는 길을 더듬어 지하철역 쪽으로 향했다. "그래도 본디 열차집의 흔적이 멀지 않은 곳에 둥지를 틀었으니 얼마나 다행이여, 암." 노신사가 혼자 중얼거렸다. 필자도 낮술 한 잔을 마셨다. 쨍한 막걸리가 울대를 건드리며 넘어갔다.

열차집은 당시 피맛골의 광화문 네거리 쪽 초입에 있었다. 광화문과 무교동, 종로 일대에 직장을 가진 이들은 물론이고, 서울 도심의 기억을 가진 많은 이가 이 집에서 막걸리 잔을 기울였다. 어쩌면 열차집은 그냥 술집이 아니라 시대와 함께 호흡한 역사의 공간이었다. 광화문 네거리의 국제극장이 없어지고, 그 대각선으로는 의사회관이 헐리고 교보문고가 들어서던 역사를 가까이에서 지켜본 몇 안 되는 노포다. 열차집 안에는 그 역사를 가늠하게 하는 사진 한 장이 걸려 있다. 열차집의 다음 세대를 이어가고 있는 아들 윤상건 씨가 누이와 함께 자그마한 세발자전거를 타고 있는 장면이다. 사진 속 꼬마는 이제 쉰을 훌쩍 넘겼다. 자전거 옆으로는 당시 냉장고 대신 쓰였던 '아이스케키' 얼음통이 놓여 있다. 소금과 얼음을 담은 고무주머니로 그날 받은 아이스케키를 보관하던 용기다. 그 반대편에 열차집이 있었다. 안주인 우제은 씨의 증언이다.

"아이(윤상건 씨)가 자전거 타고 있는 그 건물 자리에 교보문고가 들어선 거예요. 상전벽해지요. 교보에 책 들어가는 뒷문, 그 쪽으로 개천이 흘렀고. 삼청동에서 발원한 개천인 중학천이 청계천으로 이어지는. 나중에 복개가 되었지요. 그 반대편에 열차집이 있었어요."

우 씨는 복개를 1962년으로 기억한다. 옛 신문을 뒤져보니 맞다. 4월에 "혁명 1주년을 기념하여 경복궁에서 산업박람회를 개최하고, 박정희 의장이 시찰하면서 순조로운 개최를 당부"했다는 기사도 있다. 혁명이란 물론 5·16군사정변이며, 박정희가 대통령에 선출되기 전 국가재건회의 의장을 맡았을 때다. 이때 참전 15개국의 물건들이 왔다고도 적혀 있다. 전두환 정권이 막 들어서고 5·18민주화운동 1주년이 되던 1981년 5월에도 민심 수습차 여의도에서 '국풍81'이라는 관제 박람회 겸 축제 행사를 연 적이 있다. 기묘한 일치다.

어쨌든 그때 열차집은 이들 부부가 고모부라고 부르던 안덕인 씨가 운영했다. 그는 용인 출신으로, 전후에 먹고살기 위해 "그냥 천막으로 지붕만 대충 가리고" 시작했다고 전한다. 옛 증언에 의하면, 열차집은 당시 말로 '다치노미야'였다. 서서 마시는 선술집이라는 뜻이다. 안 씨는 실제 고모부는 아니었지만, 워낙 윤 씨 부부를 잘 보고 친하게 지내면서 진짜 친척보다 가까웠다. 그래서 1977년, 열차집을 그만둘 때 혈연도 아닌 이들 부부에게 넘겨주었다.

"그땐 이쪽이 다 여관 골목이었어요. 한 스무 개가 넘었지, 아마. 밤에 바글거리는 분위기도 있었던 거지. 미진, 신진 같은 모밀집도 그때부터 있었고요. 저는 친척이 이쪽에서 여관을 해서 충청도에서 올라와 자연스레 슈퍼를 하면서 터를 잡은 셈이지유."

우 씨의 증언이다.

손님들이 알아서 찾아오는 집

"질어서(길어서) 열차집이라고 했쥬. 질어서."

열차집의 명명은 그렇게 단순하다. 원래 민중은 단순하고 이렇게 명확하다. 전주에서 올라왔으니 전주집, 육교 근처에 있다고 육교집, 이모가 있다고 이모집, 털보가 있으면 털보집. 열차집은 그렇게 우리 음식사에 당당히 들어왔다. 그 집을 사랑하는 민중의 이름으로, 이렇게 대중사회에 진입한 것들은 오래 살아남는다. 대중이 스스로 수용하고 이름 붙이고 사랑하는 곳이기 때문이다.

열차집은 태생부터 정식 가게가 아니었다. 건물과 건물 사이, 그 비좁고 기다란 공간이 바로 열차집의 시원이다. 열차집은 그

렇게 시작되었다. 보통 노포들은 창업 연도를 정확히 가늠하기 어려운 경우가 많다.

“1950년이라고 합니다. 몇 가지 증언이 있는데, 여든 넘으신 단골손님들이 전쟁(6·25) 터지던 해에 열었다고 하시더군요. 10대 후반에 이 집에서 빈대떡을 드셨다는 겁니다.”

우 씨가 말을 잇는다. 광화문 교보문고 자리 건너편, 나중에 버거킹으로 유명한 빌딩 쪽에 한옥들이 있었고, 그 사이 좁은 틈에 있던 가게였다고 한다.

“원래 주인분들이 제게 넘겨주셨는데, 그 전에도 이 가게에 자주 놀러 가곤 했어요. 1950년에 처음 장사를 시작했다고 하시더라고.”

가게의 연혁이랄까, 얼마나 오래되었는지 아무도 '궁금해하지 않던' 시절의 이야기다. 그렇게 끌고 온 세월이 어느덧 일흔 해를 넘었다.

해방 후 발행하던 〈자유신문〉에 흥미로운 기사가 실려 있다. '빈대떡'이라는 이름의 수필로, 글을 쓴 이는 유영륜이며, 자그마한 무역 회사에 다니던 그는 늘 빈대떡에 술 먹는 것이 즐겁다고 한다.

> 내 단골집인 빈대떡집으로 찾아간다. 을지로 입구에 있는 자그마한 이 집을 극성으로 찾아간다. 젊은 여인네가 있어서 그런 것도 아니고 '구수우한' 빈대떡에 약주 맛이 유달리 기막히다. (중략) 해방 후에 급속도로 보급된 것이 빈대떡인데, 하여간 빈대떡이 없으면 내가 망하고 내가 없으면 빈대떡이 망할 것이다. 개중에는 貧者떡 賓待餠 함흥식 지짐이 평양식 지짐이 등으로 부르는데, 어쨌든 모든 이름이 귀일되는 것은 녹두지짐이다.
>
> _유영륜, "빈대떡", 〈자유신문〉(1948. 12. 16., 필자가 맞춤법에 맞게 고쳐 씀)

글로 미루어 몇 가지 유추되는 정보가 있다. 1950년에 열차집이 문을 열었다는 건, 이미 그 시절 서울에서 인기 메뉴로 빈대떡이 널리 사랑받고 있었다는 얘기다. 그러니까 수필 속에 나오는 을지로 입구에도 있었고, '해방 후에 급속도로 보급'되면서

도심을 중심으로 많은 가게가 있었을 것이다. 한옥 건물 사이의 좁은 자투리땅에 만들어진 술집 메뉴로는 누구나 사랑할 만한 음식을 고르는 것이 당연한 일이었을 터. 또 다른 정보로는 빈대떡의 이름이다. 가난한 자가 먹는다고 하여 '빈자떡', 손님에게 대접한다고 하여 '빈대병'이라고 불렀던 모양이다. 또 빈대떡의 스타일은 이북식이 많았던 것 같다. 평양식과 함흥식이 거론되고 있다. 황해도에도 '막부치'라는 전통 음식이 있는 걸 보면, 역시 이북식이 대세였을 수도 있다. 다수의 평양냉면집에서 빈대떡을 보조 메뉴로 파는 것도 이런 맥락으로 보면 될 듯싶다.

서민을 위로한 따뜻한 음식, 빈대떡

빈대떡은 전형적인 서민의 음식이었다. 요즘이야 먹을 음식이 널렸지만, 과거의 사정은 뻔했던 것이다. 부치는 전, 간단한 구이 정도가 술집 안주의 대세였다. 조선 후기, 상업이 발달하면서 장시(場市)가 서고 물자와 사람의 교류가 잦아진다. 주막이 번성한 것도 이 시기다. 주막에서 파는 음식이 거개 탕반에다 빈대떡 같은 간단한 음식이었을 것이다. 빈대떡은 흔하디흔해서 오히려 그 역사를 사람들이 모른다. 다만 이런저런 자료를 찾아 이 시대에 복구해볼 따름이다. 추가하자면, 광장시장의 유명한 빈대떡 골목도 원래 좌판에서 막 팔던 싼 빈대떡이 시작이다.

빈대떡은 여러 언론인에게도 그 역사가 궁금한 음식이었나 보다. 언론인 이규태 선생도 생전에 빈대떡에 대한 궁금증을 참지 못해서 옛 문헌을 뒤지고 인터뷰를 했던 것 같다. 그리하여 몇 가지 사실을 알아내는데, 빈대떡이 본디 독립적인 음식이 아니라 제사상이나 교자상에 고배(제물의 받침)로 쓰던 것이라는 추정을 내놓는다. 제사 지내본 분들은 알겠지만, 제물을 높게 쌓아야 격이 서는데, 일반적으로는 전이 밑받침 역할을 한다. 필자의 부친 고향에서 배추로 전을 부쳐 고배로 쓰는 걸 보면 의미 있는 설이다. 임금의 음식이었다는 신선로 요리법에도 꼭 전이 들어가는데, 역시 원래는 고배용이었을 것이다. 고배로 쓰는 전에는 위에 올린 음식의 기름기가 배게 마련인데, 그걸 다시 부쳐 먹으니 맛이 더 좋았을 게 틀림없다. 그러다가 빈대떡이 독립적인 음식으로 성장해나갔을 수도 있다.

이 선생은 빈대떡이라는 이름이 어떻게 생겨났는지도 추적하는데,《역어류해(譯語類解)》(1690)라는 우리말 사전에 '떡 병'에 '놈 자'를 쓰고 있다는 것이다. 병자(餠者). 이것이 음운변화에 따라 '병자→빙자→빈대'로 전이되었을 수 있다. 또 서울 정동에는 부침개집이 많았는데, 정동이 빈대가 많아 빈대골이라고 불린 데서 착안하여 부침개가 곧 빈대떡이 되었을 수도 있다고 소개하고 있다.

이런 다양한 해석이 나오는 것 자체가 바로 빈대떡이 원류는 알 수 없으나 누구나 사랑하는 음식이 되었다는 점을 의미한다.

단순함이 최고의 맛을 낸다

그때나 지금이나 열차집 메뉴는 거의 변하지 않았다. 빈대떡과 두부다. 딱 두 가지가 열차집을 이끌고 온 전통의 메뉴다. 그 맛의 비결은?

"그냥 녹두 100프로에 돼지기름이 전부쥬."

단순함에 비결이 있다. 녹두는 시퍼런 걸 거칠게 깨뜨리듯 갈아야 맛이 있다. 그래서 지금도 전기 믹서 대신 맷돌을 쓴다. 가게에 마치 주인인 듯 놓여 있는 맷돌이 맛을 거의 책임진다.

"거피를 거칠게 해야 맛이 나."

녹두가 비싼데 어쩌느냐고 묻자, "그래야 맛이 나는 걸 어쩌유"라고 혼잣말하듯 하신다.

열차집 빈대떡이 맛있는 것은 독보적인 곁들이 때문이기도 하다. 바로 굴젓이다. 굴을 한 15킬로그램씩 받아다가 한꺼번에 직접 담근다. 굴젓도 단순하게 담근다(지금은 조개도 함께 넣은 굴조개젓을 낸다). 고춧가루만 넣으면 끝이다. 그리고 적당한 온도에 숙성시킨다.

"굴젓은 맛이 아니구 향이어유, 향."

소주를 많이 팔았다. 삼학이라는 브랜드가 더 많이 팔리고 인기 있었다는 특별한 증언도 해주신다.

"진로보담 삼학이 더 많이 나갔어."

열차집은 문자 그대로 남녀노소가 즐겼다. 노인부터 대학생들까지 다양한 계층이 몰려왔다. 하루에 손님층이 세 번 바뀌었다. 3~4시에는 노인층, 6시가 넘으면 직장인들, 밤에는 젊은 층이 몰려온다. 그것은 예나 지금이나 비슷하다. 요즘은 대학생이 거의 오지 않는 것만 달라졌다.

"옛날엔 갈 데가 없으니 많이 왔나 봐. 근처 학사 주점 말고는 술집이 있나 뭐. 가게에 학생증이나 시계 맡기는 경우가 많았어. 카운터 서랍에 아주 많았쥬."

열차집의 최전성기는 슬프게도 1997~1998년경의 IMF 때다. 나라 경제가 부도나고 사업가는 망하고 월급쟁이들은 해고됐다. 그래도 술은 마셔야 했고, 돈이 없으니 값싸고 맛있는 열차집이 더 북적거렸다.

"잘나가게 되어서 별로 안 오던 왕년의 단골들이 다 왔어요. 허름한 행색으로. '내가 이렇게 됐소' 하면서. 참 괴롭고 슬플 때쥬. 장사는 잘되어도 마음이 편칠 않았어요."

그렇게 오던 손님들도 이제 상당수가 없다. 저쪽(피맛골)에서 다니던 손님들은 이제 거의 다 돌아가셨다고 한다.

"그렇쥬. 그때 댕기던 학생들이 머리가 허예서 지금 공평동이 집에 오니까 말유."

열차집은 피맛골의 주인이었다. 처음 장사했던 종로 1가 16번지에서 청진동 200번지로 옮겨가서 오랫동안 열차집의 전성기를 열었다. 지금 있는 곳은 공평동 130번지다.

"피맛골이 뭔지도 잘 몰랐어. 나중에 거기가 아주 중요한 곳인 줄 알았어요. 그때는 이미 늦었지. 개발 계획이 다 서고. 애 아버지가 함흥집, 삼성집 사장님들이랑 피맛골을 지키려고 애썼지만 결국 나앉았지."

남편 윤 씨는 피맛골의 가치를 알았다. 지역의 업주들과 힘을 합쳐 피맛골보존위원회를 열고 그 명성을 이으려고 노력했다.

"르메이에르 가라고 사람들이 성화였지만 가지 않고 나온 것도 그쪽을 보면 화가 나서. 분양가도 엄청 비쌌어요. 평당 칠팔백씩 했으니까. 이런 빈대떡집에서 갈 수 있는 형편이 아니었고요."

요즘 피맛골 쪽에 가면 흥미로운 일이 벌어진다. 일본인 관광객들이 단체로 움직이고, 가이드가 일본어로 설명한다. 우리는 잊어버리고 가치조차 인식하지 않는 피맛골을 일본인들이 더 챙기는 셈이다.

"그래서 더 속상하쥬."

안주인 우 씨는 빈대떡으로 일본에서도 명성을 얻었다. 여러 일본 매체에 소개되고, 일본인 관광객들이 많이 온다. 실제로 일본에 가서 우리 빈대떡을 가르쳐주기도 했다. 식도원이라는, 평양 출신의 오사카 교포가 운영하는 일본 내 한식집에 가서 빈대떡과 파전, 굴전의 요리법을 이수해주었다. 2003년의 일이다.

위치는 변했어도 불판은 그대로

빈대떡은 돼지기름과 좋은 녹두가 결정하지만, 역시 요리 기술이 필요하다. 불 조절이 핵심이다. 중간 불로 세지도 약하지도 않게 지져야 겉은 바삭하고 속은 촉촉하다. 그래서 불판의 온도가 중요한데, 지금도 수십 년 전부터 쓰던 불판을 그대로 달군다. 하도 오래 써서 불판 가운데가 볼록하다. 피맛골 시절에 쓰던 것을 그대로 가지고 왔다.

"일부러 그렇게 맞춘 건 아니고 열을 오래 받으면 지가 스스로 불룩해져유."

32공탄 연탄에서 프로판가스, 도시가스로 열원이 바뀌었지만 굽는 법은 늘 같다. 10여 년 전부터 가업을 잇기 위해 나온 아들 윤상건 씨에게 가르쳐주는 기술도 늘 한결같다.

"미리 부치지 마라, 맛없다. 아무리 바빠도 한 장 한 장 주문이 들어오면 부친다. 뭐 이런 거쥬."

우 씨는 이제 화·목·토 주 3일만 나온다. 그에게는 열 살짜리 손주가 있는데, 열차집을 이을지는 모르겠다고 한다.

"아, 한 시절을 잘 보냈다 싶어유."

인터뷰를 마치면서 우 씨가 혼잣말하듯 필자의 눈을 보면서 말했다. 400원짜리 빈대떡이 이제 1만 원이 넘는다.

현재 가게는 윤상건 씨가 운영한다. 그도 쉰을 넘겼다. 막걸리 메뉴가 많이 늘었다. 전국의 유명 막걸리가 다 있다. 어머니는 가끔 가게에 나오시고, 아버지는 연세도 들고 하여 집에 계신다.

상호 열차집 **창업 연도** 1950년 **창업주** 안덕인 **주소** 서울 종로구 종로7길 47(공평동 130-1) **문의** 02-734-2849 **대표 메뉴** 원조 빈대떡, 김치빈대떡, 굴전, 파전, 조개탕, 두부김치 / 빈대떡과 곁들여 나오는 굴조개젓의 풍미가 좋다. 빈대떡에 얹어 한 입 베어 물면 짭조름한 굴조개젓과 빈대떡의 구수한 돼지기름 맛이 어울린다. **가격** 1만 3,000~1만 6,000원

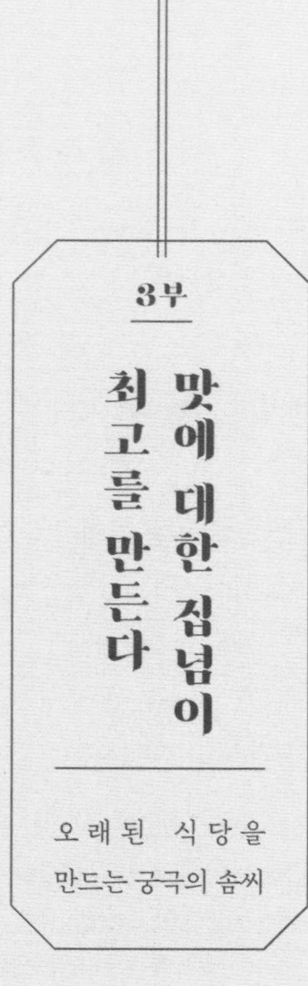

3부

맛에 대한 집념이 최고를 만든다

오래된 식당을 만드는 궁극의 솜씨

북엇국 한 그릇을 위해 수만 번의 국자질을 마다하지 않고, 갈비용 연탄불 지키느라 손바닥 가득 굳은살이 박였다. 노포에는 최고의 레시피는 몸으로 체득한다는 사실을 증명하는 전설 같은 요리사들이 있다. 평생을 바쳐 음식에 헌신한 사람들이다. 맛이 없으면 식당은 유지될 수 없다는 단순한 진리를, 업의 본질을 누구보다 잘 알고 있다. 남는 것을 계산하기보다 손님의 입에 전해질 맛의 순도를 높이기 위해 아낌없이 투자하고 단련하는 이들의 숭고한 장인 정신을 만나보자.

고베 원조평양냉면옥

포항 제일국수공장

서울 평안도족발집

제주 삼수정

속초 함흥냉면옥

대구 옛집식당

서울 무교동북어국집

수만 번의 국자질에 주방장의 명예를 걸다

• 서울 무교동북어국집 •

“

국자질에 의해

맛이 바뀌어요.

”

창업 연도 : 1968년

오후 3시. 마침 2층에서 중년 여성 여러 명이 내려오고 있었다. 손님은 아닌 것 같았다.

"아, 아침 출근 요리사들 퇴근 시간이에요."

진광삼 씨의 설명이다. 그는 창업주의 막내아들이다. 1970년생인 그에게 동안이라고 했더니, 순하고 부드러운 북엇국집 요리사답게 맑게 웃었다. 이 집이야 나로서는 오랜 인연이 있다. 1990년대에는 아침밥을 이 집에서 여러 번 신세 졌다.

유흥의 중심가, 성지가 된 무교동북어국집

"아직도 '빼고'가 있나요?"

"그럼요, 인기 주문이죠."

'빼고' 또는 '빼기'라고 부르는 주문법은 조금 후에 설명드리겠다. 무교동북어국집은 원래 터줏골이라는 이름의 한식당이었다. 밥도 있고, 술안주도 파는. 무교동은 최고의 유흥가였고, 월급쟁이 와이셔츠들의 집합소였다. 먹고 마시고 취해서 택시를 잡았다. 영동(강남)이 생기기 전까지 서울 최대의 유흥가였다. 지금 코오롱 빌딩이 있는 자리가 터줏골에서 부모님과 진인범, 고연임 씨가 영업을 시작했던 곳이다. 이 책에서 소개한 용금옥도 그쪽에 있었다.

"1973년도에 이 자리로 옮겨 왔어요. 그 전에는 차돌박이도 하고 전도 부치고 하는 식당이었지요. 아버지가 원래 요리사였어요."

창업주 두 분은 지방으로 내려가서 노후를 즐기고 있다.

무교동은 원래 해장국의 거리였고, 술집이 많았다. 다동과 무교동이 붙어 있는데, 속칭 무교동으로 합쳐 불렀다. 이 동네는 조선 시대부터 술꾼, 기생, 노름꾼 들이 들끓었다. 은밀한 남자들의 유흥지이기도 했다. 다방골이라는 오랜 지명도 여기서 왔다. 차를 달이는 집이 많다는 뜻인데, 찻집이 곧 술집이 되기도 했다. 일제강점기에도 술집이 많았고, 전쟁 후 1960~1970년대에는 비어홀과 카바레가 이 거리를 휩쓸었다. 접대부를 고용한 전형적인 유흥 술집도 많았다. 1980년대 이후 영동, 강남 시대가 열리면서 무교동의 위력은 주춤했지만, 술 마시기 좋은 동네라는 건 변함이 없었다. 술은 해장이 따르게 되어 있다. 조선 시대부터 이미 이곳은 해장국집의 메카였으니까. 그 거리에서 무교동북어국집은 하나의 성지가 되었다. 맑고 부드러운 북엇국 하나만 파는 곳이다. 속을 아름답게 풀어주는 순한 국은 한우 사골과 북어 뼈로 밑 국물을 잡아 담백하고 북어 살이 넉넉히 들어서 배를 채워준다. 보드라운 두부와 국을 떠서 상한 속에 밀어 넣다 보면 이마에 땀이 나고 위가 다정해진다. 이게 바로 무교동북어국집에서 만드는 북엇국의 진수다.

메뉴 이름에 암호 같은 주문이 섞이면 대개 그 집이 노포라는 뜻이다. 유명한 곰탕집 '하동관'에서는 "민짜, 넌둥만둥, 통닭" 등 별난 주문법이 난무한다. 이 집도 그렇다. '빼기'는 북어 건더기를 빼고 국물만 달라는 특별 주문이다. 전날 과음한 속이 건더기를 거부할 때 좋은 주문법이다. '간데'라는 것도 있다.

"하하, 직원들끼리 쓰는 말이에요. 밥을 반 공기 추가로 내라는 뜻이에요. 이미 밥이 '간 데'에 또 간다고 해서 붙은. 그냥 밥 한 공기는 '밥'이라고만 부릅니다."

북엇국 한 그릇에 담긴 놀라운 디테일

이 집은 모든 재료가 국산이다. 배추도 고춧가루도 사골도 모두. 물론 북어는 어쩔 수 없이 러시아산이다. 다시 말하지만, 잘되는 식당의 첫째 조건은 좋은 재료다. 재료가 전부는 아니지만, 나쁜 재료로 좋은 음식을 만들 수는 없다. 나쁜 재료로 맛있는 음식을 만들 수는 있지만, 좋은 식당을 만들 수는 없다. 무교동북어국집은 그런 식당이다.

"원래는 묵호, 속초 북어를 썼어요. 손 사장님이라는 분과 30년 넘게 거래했는데, 그 동네에 덕장이 없어지면서 새로운 곳을 찾아야 했어요. 더 북쪽인 고성에 덕장이 있어서 거래하고 있어요. 덕장은 바람이 많이 불어야 하고, 날씨도 추워야 합니다. 점점 그런 조건에 맞는 곳이 줄어들고 있어요. 황태는 내륙의 산간에서 말리는 것이고, 전통의 북어는 바닷가 덕장이 원조지요."

덕장은 야외 건조장을 말한다. 6개월을 겨울에 말려야 무교동북어국집에 들어오는 북어가 된다. 북한 것도 예전에는 들어오곤 했는데, '앵치'라고 부르는 작은 놈들이었다. 맛은 좋았지만, 크기가 작아서 이 집에서는 쓰지 않았다.

"북어는 커야 맛있습니다. 북어 살도 살이지만, 국물의 깊이는 크기에서 나옵니다."

이 집 북엇국은 좀 독특한 방식으로 끓인다. 2층에 있는 '북어방'에서 직원 셋이 하루 종일 북어를 손질하고 작두로 썬다. 머리, 등뼈, 가슴뼈를 분리하고 살을 바른다. 각각 끓이는 시간과 방법이 다르다. 그 노하우가 바로 무교동북어국집의 맛을 결정한다.

"쌀뜨물에 북어를 씻고, 멥쌀을 갈아서 육수에 푸는 것도 우리 집 특징이에요. 북어도 한 번에 너무 많이 끓이면 맛이 없어요. 대가리는 살짝 끓였다가 빼는데, 쓴맛이 나기 때문이지요."

디테일이 엄청나다. 등뼈와 가슴뼈를 고고, 고아낸 사골과 섞는다. 대가리는 구워서 쓴다. 내장을 보호하고 있던 가슴살의 검은 막은 쓴맛을 내므로, 잘 손질해야 한다. 북어 한 마리는 3.5인분이 나오도록 조절한다.

"한때 우리 집과 비슷한 북엇국집이 인근에 많았어요. 거의 없어졌어요. 이런 세세한 디테일이 달랐을 거고, 아마도 너무 힘든 일이었겠지요."

큰 육수 솥에 미리 육수를 내고, 장사가 시작되는 아침에 맞춰서 28인분짜리 솥 일곱 개에 나눠 담는다. 끓이기 시작해서 30분 안에 팔아야 한다. 그 시간이 지나면 국이 붉은색을 띠고 버려야 한다. 놀라운 디테일이 끝없이 이어진다. 시행착오와 연습, 수정과 폐기……. 북엇국 한 그릇이 나오기까지의 과정은 탑을 쌓아 올리는 수고에 맞먹는다.

∻ 25년째, 오래도록 지켜온 집념

"국자질이 아주 중요해요. 뚝배기를 직화로 끓여내는 것이 아니기 때문에, 국자질에 의해 맛이 바뀌어요. 몇 번 떠야 하는지, 건더기와 양은 어떻게 조절하는지, 그런 문제들이 끝없이 있어요."

그는, 처음 부엌에 들어가서 국자질을 배우지 못했다. 국자를 쥔다는 건 부주방장이 되었다는 뜻이다. 1968년 창업 공신이었던 노장 주방장에게 혼이 났다. 비슷하게 생긴 국자를 사서 집에서 연습했다고 한다.

"국자를 넘겨주지 않았으니까요. 그 주방장님은 벌써 은퇴하셨는데, 아버지와 동갑이십니다."

그도 벌써 25년 차 주방장이다. 국자질에 이골이 났다. 하루 세 끼를 북엇국만 먹으며 익힌 기술이다. 지금도 하루 한 끼는 무조건 북엇국이다. 맛의 섬세한 변화까지도 잡아내려면 먹어보는 것 말고는 방법이 없다.

이제 대한민국은 술을 덜 마신다. 해장 문화도 달라졌다. 햄버거나 스파게티로도 해장한다. 북엇국이 해장국의 '넘버 쓰리' 안에 들어가던 시대가 아니다. 옛날엔 새벽 4시에 가게 문을 열었다. 이제는 7시다.

"그 시절에 아버지는 속옷을 날라다 입으며 이곳에서 주무시

면서 일했어요. 한 달에 한 번 귀가하셨지요. 수도가 안 좋아서 물도 길어서 하고 연탄불로 했으니까요. 부뚜막에 앉아 졸면서 아버지가 일하던 장면이 또렷이 기억납니다."

세상은 변했다. 그래도 이 집 북엇국 맛은 변하지 않은 것 같다. 오랜 단골이 주력 손님이라고 한다. 나도 오랜만에 국을 떴다. 아아, 이 깊은 순정함은 어쩌란 말이냐.

상호 무교동북어국집　**창업 연도** 1968년　**창업주** 진인범
주소 서울 중구 을지로1길 38(다동 173)　**문의** 02-777-3891
대표 메뉴 북어해장국 / 한우 사골과 북어 뼈로 밑 국물을 잡아 담백하고, 북어 살이 넉넉하고 푸짐하다.　**가격** 7,500원

소명처럼 지킨 부뚜막, 칠순 노장의 사명감

• 대구 옛집식당 •

"

늘 혼자 했어.

혼자가 편해.

"

창업 연도 : 1948년

한식은 국과 탕의 문화다. 이웃인 중국·일본과 확실히 다른 하나의 식문화를 들라면 바로 그것이다. 적어도 1,000년 이상은 이런 음식을 먹어왔다는 고증이 된다. 유식한 말로 탕반 문화라고 한다. 국 없이 밥 못 먹는다는 건 이런 말에서 나온다. 필자가 이탈리아에 있을 때 조금 불편한 일이 있었는데, 늘 국과 탕이 없는 밥을 먹는 것이었다. 일부 사람들은 수프가 있지 않느냐고 하겠지만, 그건 국물이 아니다. 코스의 일종이며, 게다가 항상 수프를 먹는 것도 아니다. 정말 어쩌다가 먹는다. 한국에서 코스 요리에 거의 항상 스프가 등장하는 건 좀 특이한 일이고, 이는 한국인의 국물 애호 습관과 관련이 있다고 생각한다. 중국과 일본도 국물을 좋아하지만, 단연 한국이 1등이다. 먹는 빈도, 양에서 모두 그렇다. 일본에서 정식에 딸린 된장국 그릇을 상기해보라.

서양에서 국과 탕을 대신하는 것은 대체로 와인이었다. 그래서 늘 뜨끈한 국이나 탕을 그리워했다. 그 탕의 대표 격이랄까. 바로 설렁탕과 곰탕, 육개장이 우리 외식 국물 요리의 선두에서 아주 오랜 기간 버티고 있다. 온갖 외래 먹을거리가 넘쳐도 김치와 함께 가장 오랫동안 '선전(善戰)' 하고 있는 것이 이들 탕이 아닌가 싶다.

반질반질 정갈하게 닦은 50년의 세월

예전에는 서울역 앞에 가면 육개장을 팔았다. 으레 여행자에겐 육개장이었다. 훌훌 한 그릇 먹기에 이만한 음식이 드물었다. 그래서 육개장이 서울 음식인 줄만 알았다. 달걀 풀어 넣고 잡채용 당면과 고사리, 토란대를 넣은 게 정석인 줄 알았다. 대구에서 육개장을 취재하면서 관련 고문헌을 뒤졌다. 최남선이 쓴《조선상식문답(朝鮮常識問答)》(1946)에서 나의 상식이 무너졌다. 이 책은 문자 그대로 '문답'으로 상식을 밝히는데, "지방마다 유명한 음식은 어디 무엇입니까?"라는 질문에 "대구는 육개장"이라고, 대구에선 단연코 단 하나만 소개하고 있다. 넘버원이라는 뜻이다. 대구로 육개장 취재를 다섯 번 넘겨 뛰고서야 왜 대구가 육개장인지 어렴풋이 보이기 시작했다.

대구 동산병원 근처, 미싱 골목이라는 오래된 동네가 보인다. 재개발을 언제 해도 이상하지 않을 오래된 골목이다. 요즘은 옛것에 대한 혜안이 생기고, 시절이 바뀌어 문화재 취급을 해주지만, 개발 바람이 불었다면 흔적도 없이 사라졌을 동네다. 그 골목, 사람 두엇이 겨우 엇갈려 지나갈 정도의 좁은 길을 걸으면 소박한 간판 하나가 보인다. 금시라도 '아지매'나 '할매'가 튀어나와 반길 분위기를 풍긴다. 아니나 다를까, 곱디고운 할매 한 분이 반갑게 맞는다. 김광자 씨다. 1962년 스물두 살에 시집와서 여든이 넘었다. 김광자 씨의 인생에서 대구의 이 집 부뚜막을 지킨 것만 50년을 넘겼다.

"하루도 꼼짝 안 하고 여기서 50년이 넘었어. 고약하지."

서둘러 육개장부터 한 그릇 청한다. 1970년대에 유행했다가 이제는 사라진 타일 붙인 부뚜막이 건재하다. 연탄 때던 부엌에 가스가 들어온 것 말고는 변한 게 없다고 한다. 부엌이 깨끗하고 단출하다. 손맛은 손맛이고, 위생 감각도 뛰어나다. 음식을 준비하는 동안 한 바퀴 둘러본다. 손님방으로 네 개가 있다. 집이 온통 반질반질하다. 예전에 이 집을 사서 까고 바르고 닦았다고 한다. 그이는 "내가 분은 안 발라도 집은 단장을 잘했어. 진짜로 분이라곤 시집올 때 바르고 평생 안 발랐지만"이라고 한다.

마당에 별 쏟아지라고 널따란 사각 구멍이 있고, 비 가리는 처마가 오래전 추억을 떠올린다. 집 구조가 조금 특이해서 묻는다.

"왜 아니랴. 이기 두 집을 터서 붙인 기라. 호호, 잘 아네."

오래전에 옆집을 사서 텄다고 한다. 그래 봤자 다 해서 스무 평이나 될 듯하다. 그 작은 집 구석구석에 할매의 손길이 닿아 있다. 지역 언론인들이 민속 문화재에 올려야 한다고 주장하는 말이 허언이 아니다. 마루에 참기름을 바른 듯 니스를 깔끔하게 칠하고, 문틀도 반드르르하다. 방에 앉아 상을 받으니 기분이 묘하다. 시간 여행을 떠나온 듯한, 우리 할매가 다시 살아서 오신 듯한……. 한순간 심장 구석이 뜨끈해진다. 육개장 국물이 뜨거워서 그런 것도 아닌…….

"원래 시어머니가 칼국수랑 육개장을 같이 팔았어. 아이고, 얼마나 힘들었는지 몰라. 그래 내가 그랬지. 육개장 하나만 하자꼬."

원래 시어머니(고 차천수 씨)의 칼국수 솜씨가 빼어났다고 한다. 나이 지긋한 손님 중에는 아직도 그 시절의 칼국수를 그리워하는 이들이 있을 정도다. 칼국수는 원래 고급 음식이었으나, 전쟁 후 미국의 원조 물자로 밀가루가 들어오면서 누구나 값싸게 먹을 수 있는 대중 음식이 됐다. 시어머니 차 씨도 그런 이유로 칼국수를 끓였다. 문턱이 낮았고, 사람들이 바글바글 끓었다. 멸치 한 줌과 간장, 고춧가루 넣으면 한 그릇을 끓일 수 있었으니, 먹을 것 없던 시절에 소중한 외식이었다. 당시 이 일대가 제법 사람들이 많이 도는 지역이어서, 손님은 늘 많았다.

"칼국수가 밀고 빼고 끼리고 보통 힘든 기 아니야. 중노동이야, 중노동. 돈은 안 되고."

시어머니는 식민지 피해로 혼자되었던 분이다. 남편이 징용 갔다가 죽을 고생을 하고 귀국선을 탔는데, 사고로 사망했다. 언론에선 우키시마(浮島)호 사건을 거론하고 있다.

> 우키시마호는 1945년 광복 직후 귀국하는 한국인들을 태운 일본의 군함이다. 첫 귀국선이었던 우키시마호는 1945년 8월 22일 오후 10시께 일본 아오모리 현 오미나토를 출발해 이틀 뒤인 24일 오후 5시께 교토 마이즈루(舞鶴) 항에 기항할 무렵 선체 밑부분에서 폭발이 일어나 침몰했다. 강제 징용자 등 한국인 7천~8천 명 정도가 타고 있었을 것으로 추정되지만…….
>
> _김희돈, 〈부산일보〉(2012. 5. 22.)

끔찍한 사고였다. 그러나 어쨌든 혼자 힘으로 먹고살아야 했다. 본디 이 동네가 사람 많이 몰리는 달성공원 앞 사거리 쪽이어서 꽤 번화하고 물동량이 많았다. 당연히 나무꾼도 몰렸다. 시장에는 늘 나무장이 있게 마련이고, 억센 일꾼들이 허기진 배를 달래려고 밥을 찾았다. 국밥집이 성행하는 게 자연스러웠다. 서울의 '청진옥'도 본디 현 종로구청 자리에 있던 나무장에 몰리는 나무꾼이 주요 손님이었다는 역사와 일치한다. 대구의 또 다른

명물인 따로국밥의 원조 '국일따로국밥' 역시 나무장 근처였다는 증언이 있다.

개장국의 이미테이션, 육개장

뚝배기에 다소곳한 반찬 서너 가지 곁들여 상을 받쳐 오신다. 한 술 뜬다. 달고 진한 국물이 밀도 있다. 한 술 또 한 술. 끝내 그릇째 들고 국물까지 다 마신다. 맵지 않고 그윽하다. 김 씨의 육개장은 특이하다. 고추기름을 조금 쓰고 담박하다. 식재료라곤 사태, 무, 파가 전부다.

"육개장은 겨울에 맛있어. 소도 여름 지나 겨울에 살지고, 무야 당연히 겨울이고. 파도 겨울에 맛있지. 당연히 겨울 음식이지."

본디 육개장은 개장국의 변용이다. 여러 문헌에서 그렇게 기록하고 있다. 일제강점기에 개를 싫어하는 일본인들 때문에 개고기 섭취가 제한되자 자연스레 육개장이 퍼졌을 거라고 한다. 개장국은 여름 복날에 먹는 음식이니, 육개장도 여름 한철 손님이 더 많다. 땀을 뻘뻘 흘려가며 먹는 육개장 한 그릇에는 오랜 우리 풍습의 힌트가 있는 셈이다.

이런 역사를 추적하기 위해 대구의 개장국 전문집인 '대원명가'를 찾은 적이 있다. 이 집에서 파는 보신탕이 놀랍게도 육개장과 완전히 똑같았다. 육개장의 진하고 두꺼운 맛이 다소 적을 뿐, 영락없는 육개장이었다. 닭개장을 팔기에 한 그릇 청했는데, 그것 역시 육개장이나 보신탕과 구별이 안 되었다. 눈을 감고 먹으면 제대로 구별할 수 있는 사람이 드물 것 같다.

바로 개고기탕(구장, 개장국)이 육개장으로, 다시 비싼 소고기 대신 닭으로 만든 닭개장으로 변화했다는 음식 사학자들의 말이 피부에 와닿았다.

여기서 그치지 않는다. 내 고향 영주에선 고등어로도 육개장을 끓인다. 이 지역은 경상도 내륙이라 그런지 육개장을 잘한다. 대구가 원조인지 아니면 영주·안동 일대가 원조인지 모르겠지만, 육개장을 잘 끓인다. 관혼상제에 육개장이 빠지지 않는다. 고등어 육개장은 껍질을 벗겨 비린 맛을 줄이고 삶아서 끓이는데, 뼈는 푹 고아서 맛을 진하게 낸다. 이것 역시 한 그릇의 절반을 먹을 때까지 육개장인 줄 알았다. 아지매들이 "먼 요리사가 고등어 맛도 모르니껴?" 하며 놀리기까지 했다. 육개장과 살짝 다른 맛이라는 것을 감지했을 뿐, 으레 육개장이겠거니 하고 먹다 보니 모를 수밖에. 정말 육개장과 흡사했고, 맛도 무척 좋았다.

대구는 여름은 덥고 겨울은 춥다. 기후는 음식에 반영된다. 대구에서 매운 육개장을 즐기는 것도 이런 기후와 관련 있어 보인다. 대구 사람들이 직선적이고 무뚝뚝하다는 평을 많이 듣는 것도 기후와 음식이 서로 연관된 이미지를 준다. 육개장은 정말 대구에서 먹어야 제맛이다. 잡지《별건곤》은 육개장의 맛을 이렇게 표현하고 있다. 지금의 육개장 맛이라고 해도 좋을 것이다.

> 서 말지기 가마(솥)에다 고기를 많이 넣고 곰국을 고듯 푹 고아서 우러난 물로 국을 끓이는데 고춧가루와 소기름을 흠뻑 많이 넣는다. 국물을 먼저 먹은 굵다란 파가 둥실둥실 뜨고 기름이 둥둥 뜨는 곰국에다 고은 고기를 손으로 알맞게 찢어 넣은 (중략) 김이 무렁무렁 떠오르는 시뻘건 장국을 대하고 앉으면…….
>
> _《별건곤》(1931. 7.)

여기서 재미있는 대목이 고기를 손으로 찢는다는 내용이다. 육개장은 보통 고기를 결대로 찢어 올린다. 그런데 이것이야말로 개고기를 먹는 풍습이다. 개고기는 결대로 찢은 고기가 수북이 올라간다. 그래서 육개장은 개고기를 따르기 위해 고깃결까지 흉내 낸 것이 아닐까. 육개장은 개장국의 이미테이션으로 출발했으니, 충분히 그럴 만도 하다. 육개장이 보신탕에서 왔다는 증거는 여럿 있는데, 서울 지역의 육개장을 만드는 기본 방법 중에 양지머리나 업진을 가늘게 찢는 대목을 들 수 있다. 궁중요리가로 무형문화재였던 황혜성 선생도 책에서 이렇게 말하고 있다.

> 개고기 먹는 것을 모방해 비슷한 맛을 내려고 소고기 중 쭉쭉 찢어지는 양지머리나 업진을 쓰는 것이다.
>
> _황혜성, 《한국의 요리》(1992)

소고기 중에서도 국물이 잘 나오고, 개고기처럼 결대로 짝짝 찢어지는 부위를 이용했다는 얘기다. 일종의 '개고기 코스프레'로서 육개장을 즐겼다는 것이다. 알다시피 북한은 '공식적으로' 개고기를 즐기는데, 조선료리협회에서 발간한 《조선료리전집》에는 단고기국(보신탕) 요리법을 "마늘, 생강, 된장에 고기를 삶는다. 그것을 고깃결대로 찢는다"라고 설명하고 있다.

결대로 찢는 육개장의 고기 처리법이 보신탕에서 온 것임을 명확하게 보여주는 사례들이다. 어쨌든 대구의 현재 육개장은 대개 찢지 않고 덩어리째 써는 것이 전형이다. 그 디테일을 따져보는 것도 나중에 의미 있는 일이 될 듯싶다.

대구 육개장은 따로국밥이라 부르기도 한다. 이렇게 이름이 바뀐 데는 재미있는 역사가 있다고 한다. 원래는 육개장이라 부르고, 찬밥을 그대로 말아서 토렴해 냈다. 그런데 늘어난 대구의 양반 중에서 상민처럼 밥을 훌훌 말아 먹는 건 보기 좋지 않다고 생각하는 이들이 생겨났다. 결국 밥을 따로 냈고, 그것이 따로국밥이라는 이름으로 굳어졌다는 것이다. 서울에도 육개장은 있지만, 따로국밥이라는 이름의 육개장도 있다. 내용은 같아도 따로

국밥은 대구에서 온 것이라고들 안다. 그러므로 대구는 따로국밥의 원조가 된 것이다.

예민하게 변화를 좇은 야무진 장사꾼

대구식 육개장 맛의 비결은 어디에 있을까. 현지 전문가들과 요리사들은 파와 무라고 말한다. 고기도 중요하지만, 대구 파가 충분히 들어가고 무가 시원해야 제맛을 낸다는 것이다. 그래서 육개장 맛이 최고인 때는 이런 채소가 좋은 가을·겨울이라고 한다. 외지인이 먹을 때는 큰 차이가 없겠지만.

김 씨의 육개장 비결도 파에 있는 것 같다. 좋은 파를 사는 데 정성을 들인다. 그러고는 손질도 꼼꼼히 한다. 진액을 다 빼야 텁텁한 맛이 없어진다고 한다. 또 대파는 흰 부분만 쓴다. 그래야 달고 시원한 국물이 나온다. 역시 그 충만하고 짜릿한 국물의 비결은 이런 전문가의 경험에서 비롯된다.

"예전과 비교할 때 요리가 조금씩 변해. 고기도 양지에서 사태로 변했고. 양지는 기름지다 아이가."

기름진 걸 싫어하는 유행에 따라 김 씨의 육개장도 변모하는 것이다. 그런 이유로 사골도 20여 년 전부터 뺐다.

"원래 곱창, 허파, 염통도 넣었는데 뭐, 이젠 깔끔한 걸 좋아하는 세상 사람들 입맛에 맞촤가는 기지."

세상에 변하지 않는 것은 없다. 그러고 보면 김 씨는 무심한 듯하면서도 예민하게 유행을 짚는 사람인 듯싶다. 그것이 이 집의 건재함을 말해주는 비결일 수도 있다. 하지만 변하지 않는 것도 있다. 간은 반드시 지렁(조선간장의 경상도 방언)으로 맞춘다. 감칠맛도 더하고, 쓴맛이 있는 소금을 피하기 위해서다.

고기는 대구식으로 덩어리째 썬다. 대구의 또 다른 육개장 명가인 '국일따로국밥'도 그렇고, 이 집도 그렇다.

"오래 했다. (한숨 쉬고) 처음에 기억나는 기 한 그릇에 45원인가 했는데, 지금 8,000원이니."(현재는 9,000원이다)

20배쯤 육개장 값이 오르는 동안 시절은 야박하지 않아서 그럭저럭 2남 1녀를 키워냈다. 지금은 작은아들이 일을 돕고 있다. 나중에 이 집이 살아남을지는 아무도 모른다. 재개발이 될 듯하고, 할머니의 역사 깃든 집이 사라질 것이다.

"옮겨서 새로 할지 모르지. 육개장은 오래 먹었으니 계속 찾는 사람은 있겠지만."

돈 좀 버셨느냐고 물었다.

"치아라. 무신 돈. 몸 안 아프면 됐제. 가끔은 내가 왜 이러고 있지 싶다."

인생의 허망함을 이렇게 표현한다. 아직은 이 집에서 육개장을 먹을 기회가 남아 있다. 다행한 일이다. 오전 11시에 문을 열고 오후 8시에 닫는다. 메뉴는 당연히 딱 하나다. 술은 팔지 않는다. 자식들이 어렸을 때 별로 보여주고 싶지 않아서 내린 결심이었다. 술을 팔면 매출을 얼마든 올릴 수 있었을 텐데, 참 심지 단단한 할매다.

개수대에서 쭈그리고 앉아 요리하는 모습을 보고 허리 아프시지 않으냐고 물었더니 "할매가 야물다"라고 말했는데, 그것은 당신의 정신을 말하는 것 같았다. 혼자된 시어머니, 그 밑에서 배운 요리와 영업 기술, 그리고 지금껏 대구 명물로 남아 있는 강단이 육개장 국물처럼 진하다.

그런데 사실 이 집의 육개장은 맵지 않고 담박한 편이다. 대구 음식이 맵다고 알려져 있고 실제로도 그런 면이 강한데, 이와

는 조금 다른 각도의 음식이다. 아마도 이 '할매'의 스타일일 수도 있겠다. 하루에 예순 그릇 정도를 판다. 운 좋은 날은 여든 그릇도 파는데, 손이 어찌 다 미치는지 너끈히 해내신다.

"도와주는 사람을 써봐야 걸구채고(도움이 안 되고 번거롭기만 하다) 그렇지 뭐. 늘 혼자 했어. 혼자가 편해."

그리 말씀하시는데, 은근히 부끄럽고 안쓰럽다. 필자도 요리사이지만, 도움 없이 혼자서 뭘 해본 적이 없으니까 말이다. 그래서 한국의 진짜 요리사들은 대개 할머니들이 아닌가 싶다. 그이는 지금도 아침 5시에 일어나 국을 끓인다. 육개장이라는 요리가 바로바로 하는 것이 아니라, 밑 준비에 다량의 국을 미리 끓여두어야 하기 때문이다. 그런 면에서 육개장은 장시 음식, 공동

체 음식, 대량 음식이 맞다. 육개장이 우리네 음식 문화를 상징하는 것은 그 매운맛이 아니라 이것을 어떻게 먹느냐 하는 점에서 두드러진다고 할 수 있다.

취재를 마치고 일어서려는데, 할매가 손을 붙든다. 짧은 만남이지만 헤어짐이 영 쉽지 않다. 돌아서 나오는 골목이 꽤 길었다. 늦겨울 해가 막 떨어지고 있었다.

상호 옛집식당 **창업 연도** 1948년 **창업주** 차천수 **주소** 대구 중구 달성공원로6길 48-5(시장북로 120-2) **문의** 053-554-4498 **대표 메뉴** 육개장 / 좋은 파를 정성껏 손질해 넣은 육개장은 담박하고 깔끔하다. **가격** 9,000원

주방을
책임지려면
배달부터

• 속초 함흥냉면옥 •

"

코다리냉면이란 건
우리 집서 퍼져나간 기술일 겁니다.

"

창업 연도 : 1952년

평양냉면 붐이 서울을 휩쓸고 있다. 두어 해 전부터의 일이다. 지난 남북 정상회담 바람을 타고 더 유명해졌다. 매년 여름 장사진을 이루는 장안의 냉면집은 아예 인산인해다. 일찍이 찾아온 폭염까지 이를 부채질했다. 한 가지 의문. 냉면은 보통 평양과 함흥이 아닌가. 서울 오장동에 있는 함흥 냉면집보다 더 오래된 집이 속초에 있다. 차를 달렸다.

실향민들의 도시 속초, 냉면의 메카가 되다

속초 원도심에 있는 함흥냉면옥. 지역 언론인이자 설악닷컴의 대표인 엄경선 씨를 만났다. 그는 이 집의 역사를 기록한《시간여행 속초음식생활사》의 저자다.

"1951년이 이 집의 시작입니다. 7번국도변에 움막을 짓고 탁자를 놓아 냉면을 뽑았더랬죠."

이섭봉 씨(1919~1992)가 처음 식당 문을 연 주인공이다. 그는 함흥의 유명한 체육인이면서 회사원이었다. 당시에는 최고 직장이었을 미나카이(三中井) 백화점에 다녔다. 이 백화점은 일제강점기에 서울과 평양, 부산과 함흥 등지에 문을 열었던 특이한 이력을 갖고 있다. 군대식 계급 구조와 서비스 마인드로 무장하고 조선 전역에서 영업을 펼쳤던 주요 백화점이었다. 미쓰코시(三越) 서울점처럼 일본에 본사가 있는 게 아니라 서울에서 태동해서 더 특이한 곳이었다. 이 씨는 1·4 후퇴로 부산까지 내려갔다가 고향이 가까운 속초에 정착해서 냉면집 주인이 됐다. 서울 오장동 냉면집이 1953년에 시작했다니까 이 집이 1년 빠른 셈이다. 사이클 선수 경력을 살려 배달도 도맡았다. 그가 건장한 몸으로 자전거를 끌고, 한 손에는 목판에 육수 주전자와 냉면 사발을 담아 배달하는 사진이 지금도 남아 있다. 일제하 배달 시스템을 보여주는 귀중한 자료다.

함흥냉면옥은 몇 번 부침을 거듭하다가 네 번째 이사한 곳이 현재의 자리다. 여름에는 400~500그릇이 거뜬할 정도로 영업이 잘된다. 이른바 원조다. 특히 명태를 얹은 냉면은 1980년대 이 집에서 개발했다. 함흥냉면은 본디 함흥 것이지만, 남한에서 새 음식이 되었다. 오늘날 옥류관과 서울 냉면집의 차이처럼.

함흥냉면은 본래 농마국수라고 불렀다. 지금도 북한에서는 그렇게 일컫는다. 남한에서 평양냉면이 유명해지자 함흥식 국수도 '냉면'이라는 이름의 관(冠)을 쓰게 된다.

"속초는 냉면의 메카입니다. 특이하게도 막국수는 별로 없어요. 대개 함흥식입니다. 인구는 많지 않은데, 냉면집만 쉰 곳이

1대 창업주 故 이섭봉 옹
좌우명 : "미소는 능률의 원천이다"

넘어요."

엄 씨는 대학 시절, 방학 때 고향 속초에 있다가 놀러 온 동급생들에게 냉면을 대접했다. 속초 시민들에겐 최고의 외식이 냉면이었으니까. 속초는 1963년에 시가 되었지만, 그 전에는 한적한 어항이었다. 현재의 속초시 구역이 양양군에 속한 일개 리(里) 단위였다. 명태잡이 등이 활발해지면서 규모가 커졌고, 특히 실향민들이 몰려오면서 시끌벅적한 도시가 됐다. 실향민은 한때 속초 인구의 70퍼센트를 차지할 정도였다.

"땅은 나눠서 경작해먹자면 몫이 줄어들어 외부 인구 유입에 배타적입니다. 바다는 그렇지 않습니다. 배는 많고, 누구나 어부가 될 수 있었지요. 실향민들이 먹고살 수 있는 구조였어요."

한때 아는 사람만 알던 청호동의 아바이마을도 그렇게 형성되었다.

알싸하고 뜨끈하게 속을 채우는 속초식 냉면

함흥냉면은 서울식과 속초식으로 나눠도 무리가 없다. 서울식이 과거부터 홍어·가오리 등을 얹어 내는 것으로 유지되는 반면, 속초식은 변동이 심했다.

"원래는 가자미를 썼어요. 참가자미도 잘 안 잡히고 비싸지니까 뱃사람한테서 짝으로 물까재미(물가자미)를 사서 만들었어요. 갑빠(방수포)를 펼치고 쫙 까재미를 부립니다. 밀대로 밀어서 진액을 빼서 씻고 포 뜨고 뼈째 썰고 그랬지요. 소금 간하고 식초 넣어서 하루 절여 짜고 시그렁기(신맛) 빼서 양념해서 만들어 썼어요. 전국에 코다리 넣는 속초 냉면이란 건 아마도 다 우리 집서 퍼져나간 기술일 겁니다."

상어와 쥐치도 써봤다. 가자미 대용으로 여러 생선을 테스트하다가 마지막으로 결정된 것이 명태다. 엄밀히 말하면 동태다. 1980년대 초의 일인데, 우연히 동태를 썼더니 가자미 못지않은 맛이 나더란다. 값도 좋았다. 싸고 푸짐한 함흥냉면을 유지하는

데 적절한 재료였다.

냉면이 마침 나왔다. 가위도 딸려 나온다. 면발이 보통 질기지 않다. 고구마 전분을 쓰고 익반죽해서 삶는다. 이문규 사장의 손바닥이 붉은 것이 그 이유다. 뜨거운 반죽을 만져서다. 그는 부친 별세 후 가게에 들어와 스물서너 해째 온전히 일하고 있다. 배달부터 시작해서 주방장을 맡고 있다. 이 집 음식이 듬직한 이유다. 그의 핸드폰으로 전화가 온다. 냉면 다섯 그릇 배달 주문이다. 왕년에 대한민국 냉면집이 거개 그랬듯이 냉면은 유명한 배달 음식이었다. 그 흔적이 이 집에 남아 있어 신기했다. 서울 어디서 정통이라고 하는 냉면집 배달이 남아 있나.

속초식 냉면은 먹는 방식이 아주 특이하다. 서울 함흥식 냉면은 주는 대로 양념이나 개성껏 하는 게 고작인 데 비해 상당히 복잡하다. 우선 뜨거운 육수다. 장국이라고도 부른다. 소 사골과 고기를 삶은 국물을 노란 양은 주전자에 담아 같이 내온다. 먼저 이 뜨거운 육수를 한잔해도 되고 나중에 마셔도 된다. 나중에 먹는 이유가 있다.

"워낙 매운 냉면이라 속이 아립니다. 육수를 마셔줘야 속이 좀 편안해지지요."

냉면을 맛있게 먹는 법이라고 벽에 써 붙여놓은 것을 옮겨 정리하면 이렇다.

"육수를 드셔서 속을 푼다. 식초, 겨자, 설탕, 양념다지기장을 넣는다. 면을 섞을 때 달걀노른자를 잘게 빻아 같이 섞어야 면발이 부드러워진다. 냉면 다 드신 후 빈 그릇에 뜨거운 육수를 부어서 마시면 마무리된다."

이게 다가 아니다. 각종 양념을 다 넣은 후 보통은 차가운 갈색 간장 육수를 잔뜩 부어 먹는다. 막국수에 육수 넣는 정도만 붓거나, 아예 그릇에 찰랑찰랑할 때까지 부어 먹는 이도 있다. 흥미로운 건, 다 먹고 난 후 뜨거운 육수로 헹궈 마시기다. 이런 방법은 일본 모리오카에서 일본인들이 짜장면을 먹는 방식과 흡사하다. 면을 다 먹고 난 후 날달걀을 깨어 넣고 닭 육수를 부어 계란탕을 만들어 마신다. 우연한 일이지만, 배고픈 시절 알뜰하게 음식을 먹는 방법으로 닮아 있다. 과연 속초식으로 냉면을 먹고 나니 배가 엄청 부르고 매운 기운이 온 내장에 스며든다. 배워서 양념을 배합하고 두 가지 덥고 차가운 육수를 섞어서 먹다 보니 '버라이어티' 하다는 말밖에 안 나온다. 외지인이 이룩한 도시인 속초의 분방한 음식 문화가 느껴진다.

이북의 음식에서 속초의 음식으로

원조 집이 특별한 주도권을 쥐고 있지 않다는 것도 속초 냉면의 특징이다. 매해 냉면집이 사라지고 새로 생긴다. 속초의 냉면집을 엄 씨가 줄줄 읊는다.

"단천식당, 단천면옥, 미리내냉면, 청호면옥, 장수면옥, 능라도냉면, 낙천회관, 강원면옥, 온달면옥, 의령식당, 원산면옥, 고려면옥, 대포면옥……."

인구당 냉면집이 제일 많다는 속초답다. 동석한, 지역의 양조장 대표인 오성택 씨는 속초 냉면에 대한 새로운 해석을 단다.

"일종의 노동 음식이에요. 뱃사람들이 고기 내리고 어구 정리하고 해장해야 되잖아요. 부둣가에서 시내가 가까워요. 냉면 한 그릇 시켜서 맵고 뜨겁게 해장을 하는 겁니다. 다른 동네가 생선탕이라면 여기는 냉면이 그 몫을 한 거예요. 아주 특이한 거죠. 냉면 해장이라……."

속초 말은 같은 강원도에서도 독자적이다. 거진, 고성과 함께 함경도 말에 가까운 어조를 가진다. 옛날부터 속초 사람은 강릉보다 함경남도 원산으로 유학이나 시집을 더 많이 갔다고 한다. 생활권이 아래쪽인 강릉보다 원산, 통천권이다. 서울을 가자면, 강릉 대신 원산으로 가서 경원선을 탔다. 양양-원산을 잇는 2급 도로가 개설된 것도 일찍이 일제강점기였다.

속초 냉면이 맵고 뜨거운 것은 어쩌면 속초를 이루었던 옛 함경도 사람의 성정 같은 것이었을까. 고향 갈 기회는 막막하고, 노동은 거칠고, 그렇게 후끈한 냉면으로 풀어본 것이었을까. 쇠

심줄보다 질기다는 냉면발은 그들의 생활력을 보여주는 것이었을까.

북한에서 만든 조리법 책을 보니 당대 북한 함흥의 냉면은 물냉면과 온화한(?) 비빔냉면 두 가지가 있다. 역시 속초는 독자적인 냉면을 먹고 있는 셈이다. 속초 인구는 이제 실향민 세대가 저물고 남한 다른 지방의 이주민들이 주류를 이뤄가고 있다. 그래도 쇠심줄 같은 속초 함흥냉면은 남아 있겠지.

상호 함흥냉면옥　**창업 연도** 1952년　**창업주** 이섭봉　**주소** 강원 속초시 청초호반로 299(금호동 482-150)　**문의** 033-633-2256　**대표 메뉴** 함흥냉면, 물냉면 / 명태를 얹는 속초식 함흥냉면의 원조다.　**가격** 9,000원

좋은 음식은 가장 본질적인 맛을 낸다

• 제주 삼수정 •

"

오래 거래하던 집에서 늘 오는 거라
믿을 만합니다.

"

창업 연도 : 1972년

제주 흑돼지라면 나도 적잖이 먹어봤다. 흑돼지가 별다를 게 없다는 생각을 가진 이들도 있다. 이미 서울을 비롯한 육지에는 제주 흑돼지를 판다는 전문점이 여럿이고, 매일 제주에 들어오는 입도민이 수만 명씩 되는 시대에 살고 있기 때문이다. 그들은 제주에서 어지간하면 흑돼지를 먹어본다.

그런 흑돼지와 뭐 다르겠는가 하는 생각이 있었다. 이 집에 발을 들여서 고기가 익기 전에는. 좀 부정적인 생각도 있었다. 육질이 고르지 않고 너무 비싼 데다 가짜가 횡행한다는. 하지만 불판에 놓인 고기가 시각적인 압도감이 있어서 멈칫했다. 이거 좀 다른 것 같다. 그동안 내가 뭘 먹은 거지, 뭐 이런 느낌. 고기 맛은 잠시 후에.

⩓ 노포의 조건을 모두 갖춘 집

노포라는 건, 단순히 오래된 가게라는 뜻이 아니다. 남다른 시간의 축적, 그 음식이 가진 오라, 대를 물린 노하우 같은 걸 포괄해야 한다. 적어도 이 집에서는 확실해 보인다. 상호가 향수를 불러일으키고, 허름한 옛 슬래브 주택을 개조한 가게에서는 세월의 자부심이 드러난다. 지금도 사용할 수 있는 오래된 공중전화, 제주도에서 발급한 대를 물린 가게 인증서, 그리고 가게를 채우는 공기. 그렇다, 노포 특유의 냄새와 공기.

칼집을 깊게 넣은 고기가 기름 연기를 뿜으며 익어간다. 삼수정(三水亭)의 흑돼지다. 230그램에 1만 8,000원. 믿어지지 않는 가격이다. 제주 도심을 벗어난 성산포라는 입지, 가족이 경영하는 노포라서 가능한 가격이다. 요즘 일반 돼지를 쓰는 삼겹살 가격이 180그램에 1만 원대 초중반이니까 저 값이면 헐하다.

첫 점을 집어 든 순간, 돼지가 순한 가축이 아니라 원래는 멧돼지였다는 생각이 들었다. 야성미 같은 거다. 돼지고기 냄새는 기름에서 오는 법인데, 그게 불에 익으면서 제주 흑돼지 특유의 향을 뿜어낸다. 진하고 강하다.

"우리 돼지는 워낙 오래 거래하던 집에서 늘 오는 거라 믿을 만합니다."

3대째인 강정민 사장의 말이다. 할머니 오선옥 씨가 시작한 가게가 그에게로 이어졌다. 2대인 어머니 김애자 씨가 같이 나왔다. 그이는 아들 내외에게 가게를 맡기고 이젠 거의 은퇴한 상태다. 삼수정의 화려한 시대, 그러니까 1980~1990년대를 이끌어왔던 장본인이다.

"시아버지가 경찰이었는데, 함덕 지사장 할 때 총을 맞았어요. 스물아홉 살 때. 시어머니가 혼자되어서 먹고살려고 가게를 한 것이지."

제주 관광 시대와 함께 시작된 전성기

처음에 이 가게는 빵집이었다. 흔히 성산포를 갈치가 많이 나오는 어항이자 광치기해변과 섭지코지 같은 관광지로 알고 있지만, 물동량이 많은 항구였다. 부산에서 직선거리로 가까워서 온갖 물자가 이 항구로 드나들었다.

"빵 장사를 했어요. 사람이 많으니까 장사가 잘됐어요. 고기만두나 찐빵 같은 거 팔았지."

11년 동안 빵집을 했다. 제주는 제사상에도 빵이 올라간다. 빵으로 인사를 치른다. 수요가 많았다. 그러다가 제주에 새 시장이 열리는 시대가 왔다. 비행기가 뜨고, 신혼여행객 같은 도시 여행객이 들어왔다. 뭘 열어도 장사가 잘됐다. 전세 300만 원짜리 집을 얻어서 고깃집을 열었고, 삼수정이라는 이름을 달았다. 1972년도의 일이다.

"얼마나 손님이 많은지 자리가 모자라서 가마니를 깔고 밥을 먹었어요. 그래도 좋다고 말이지."

아버지 강제문 씨는 원래 제빵 기술자였다. 하지만 고기도 잘 다뤘다. 그래도 손이 모자라 주방장급 직원 두 명을 더 들였다. 처음에는 소고기를 주로 팔았다. 부분육 판매 문화가 없을 때라 소 한 마리가 통째로 들어왔다.

"원래 제주도는 돼지고기를 식당에서 파는 문화가 없었어요.

대소사 잔치에서 먹는 것이니까 굳이 사 먹는다는 생각이 없었던 거지. 게다가 돼지는 굽지 않고 삶아 먹었어요. 주로 소고기를 구워 먹었지."

동석한 양용진 씨가 설명을 덧붙였다. 그는 제주 음식 문화 연구자이자 셰프다. 소 한 마리를 손질해서 팔던 가게 풍습이 부분육이 들어오는 지금도 그대로 남아 있다. 갈비와 등심, 육회에 갈비탕, 곱창 같은 내장 요리를 판다. 하나같이 맛이 좋다. 지금 주인장인 강정민 사장이 직접 팔을 걷어붙이고 손질하고 요리한다.

"해산물탕도 팔았는데, 해물뚝배기나 옥돔구이 같은 게 인기가 있었어요. 다금바리매운탕도 팔았어요. 갈비탕이 800원 할 때 다금바리매운탕이 500원 했지."

어머니의 증언이다. 믿어지지 않는다. 제주 다금바리는 지금 돈 주고도 못 산다. 붉바리나 능성어 같은 것도 흔히 다금바리라고 하는데, 설사 그렇더라도 그런 고기들도 지금은 워낙 비싸다.

"그때는 잘 잡혔어요. 활어를 그대로 썰어서 탕을 끓여 냈어요. (웃음) 전설 같은 얘기지요."

강정민 사장이 옛 기억을 꺼내면서 놀라는 표정을 짓는다. 생각해보니 스스로도 놀라운 시절이었던 것이다. 해물뚝배기 얘기를 꼭 물어보고 싶었다. 지금은 제주의 얼굴처럼 된 해물뚝배기가 진짜가 아니라는 얘기가 있기 때문이다.

"많이 변형됐어요. 원래는 집 된장에 간장 넣고 고춧가루 조금 넣고 해산물을 넣었어요. 오분자기도 넣고. 이 동네에 조개바당이 있어요. 바지락이 나온다 말씀. 그걸 넣고 끓이니 시원하고 아주 맛있어요. 제주도는 원래 조개가 아주 드물어요."

얼큰하고 매운맛의 해물뚝배기는 육지 사람들 입맛을 추종한 결과다. 마케팅이란 토박이의 원형을 그대로 내는 것보다는, 변형된 것을 내되 그것이 '오리지널'이라고 믿게 만드는 게 더 낫다. 제주 식당들은 점차 후자를 따라가게 됐다. 제주식 뚝배기가 잘 안 팔렸기 때문이다.

육고기의 진가를 보여주다

최불암, 김혜자 씨가 가게에 식사하러 온 걸 어머니 김 씨가 기억한다. 2층까지 손님이 꽉 찼다. 1980년대에는 렌터카가 거의 없었고, 주로 개인택시를 전세 내어 개별로 관광하는 시대였는데, 택시가 하루에 70대까지 온 적이 있었다. 음식 맛이 좋으니까 손님들 평가가 좋고, 기사들도 어깨를 으쓱할 수 있었다. 무엇보다 당시 쓸 만한 식당이 드물기도 했다.

"아침에 문을 열면 줄을 서 있던 사람들이 들어와요. 이 동네가 돈이 많이 돌아서 노름꾼도 있었어요. 그 양반들이 밤새 놀다

가 해장하러 오는 거지."

소갈비며 흑돼지 목살이며 구워본다. 소박하고 육고기 본질에 충실한 맛을 낸다. 미박(껍질) 붙은 고기가 얼마나 찰기 있는지, 이에 들러붙는 느낌이다. 원래 제주 흑돼지는 선사시대부터 있었다고 한다. 중국 역사서인 《삼국지(三國志)》 〈위지(魏志)〉에 기록이 처음으로 나오는데, "마한의 바다 한가운데 섬에 흑돼지가 있다"라고 되어 있다. 그 돼지는 현재 천연기념물 550호로 지정되어 있다. 제주에서 먹는 건 그 종이 아니다. 대부분 두록(Duroc)과 버크셔(Berkshire)의 교잡종이다. 두록은 엄청나게 맛이 좋은 돼지로 아주 비싸다. 여기에 기름 맛이 특별한 버크셔를 교배시켰다. 다만 두 종이 얼마나 섞여서 어떤 품질을 가졌는지 개체

별로 소비자가 알 수는 없다. 피부가 검으면 일단 흑돼지니까. 아쉬운 부분이다. 맛 좋은 흑돼지는 삼겹살의 경우 지방과 고기의 경계선이 분명한 게 특징이다.

불판의 고기가 순식간에 없어졌다. 좋은 고기를 먹고 난 후에 느끼는 포만감이 충만하다. 거기에 노포에서 즐겼던 묘한 감동이 깊어진다. 참, 한우 육회나 한우 물회 같은 요리도 꼭 드셔보시길. 별미다. 소 한 마리를 통째로 받아서 모두 알뜰히 요리했던 경험이 축적된 솜씨다.

상호 삼수정 **창업 연도** 1972년 **창업주** 오선옥 **주소** 제주 서귀포시 성산읍 동류암로 45(고성리 316-4) **문의** 064-782-2146 **대표 메뉴** 제주 흑돼지 오겹살(230g), 한우 꽃등심 / 진하고 강한 향의 푸짐한 제주 흑돼지구이다. **가격** 1만 8,000~3만 5,000원

40년 넘은 육수가 내는 궁극의 맛

• 서울 평안도족발집 •

"
한약재랑 커피는 왜 넣어.
잘 삶으면 아무 문제 없어.
"

창업 연도 : 1961년

필자가 족발을 처음 먹어본 건 고등학교 3학년 때였다. 족발은 집에서 만들 수 없는 요리였다. 고기처럼 무르게 금세 삶아지는 것도 아니고, 냄새나기 십상인 돼지 족을 요리한다는 건 쉬운 일이 아니었다. 간혹 산모가 있는 집이 젖 낸다고 삶아 먹기는 했지만, 지금 우리가 아는 방식은 아니었다. 오히려 소족은 보신을 위해 집에서 요리하는 사람이 많았다. 하여튼 고 3 때 처음 족발을 맛본 곳이 바로 장충동이었다. 지금도 그렇지만 장충동은 족발의 메카로 이미 유명했다. 장충체육관에서 농구 경기가 있었고, 나는 수업도 마다하고 응원을 갔다. 경기는 졌고, 우르르 동대문 쪽으로 걸어 내려오다가 족발집에 진을 치고 있는 동문 선배들에게 붙들린 참이었다. 족발집 안에는 동문 응원단으로 빼곡했다. 여기저기서 소주에 족발을 씹었다. 물론 더 좋은 안주는 경기를 복기(復棋)하는 것이었다.

유명 농구인들의 단골집

"히야, 그때 그 레이업슛을 내주면 안 되는 것이었는데……. 그게 패인이다."

"야, 기범이랑 유택이가 있을 때 말이야, 경복에는 유재학이가 있었고 말이야."

"오늘 용산 허재, 정말 대단하지 않아? 농구 천재야, 천재."

대강 이런 말들을 했을 것이다. 지금은 레전드가 된 선수들의 그 시절이다. 이런 얘기를 했더니, 평안도족발집 이경순 씨의 목소리가 높아진다.

"이 집이 농구인의 집이었어. 김동광, 허재, 유재학, 김진, 한기범이 모두 다 단골이었지. 한기범이는 얼마 전에도 왔는데, 머리가 많이 빠졌더라고. 한기범이는 아주 신사야. 사람 좋지."

그러면서 "허재가 꼴찌도 했지, 아마?" 한다. 감독 시절 성적이 안 좋았을 때를 말하는 것이다. 그 뉘앙스에는 천재인 허재가 어떻게 꼴찌를 다 하느냐는 놀라움이 배어 있다. 선수가 아니라 감독이니 별일이 다 생기는 법이라고 대꾸해드렸다. 그이는 그렇게 농구인들과 오랫동안 호흡한 사람이라는 증거를 보여준다. 농구 얘기를 할 때는 손으로 슛을 넣는 폼도 잡는다. 나는 웃으면서 이 멋진 노인을 인터뷰한다. 1933년생이신데, 아주 정정하고 기운이 넘친다. 아마도 영원한 현역이란 이 노인을 두고 하는 말일 것 같다.

이 족발집 근처에 장충체육관이 있고, 학생 농구는 물론 프로 농구의 전신이라고 할 농구 대잔치가 매년 겨울이면 열렸다. 1980년대의 겨울부터 봄 사이에는 인파로 북적거렸다. 선수들은 물론이고, 응원단들도 족발 골목으로 몰려가 회포를 풀었다. 선배들이 지갑을 열고 이름도 모르는 후배들을 먹였다. 선수들이 그 시절 족발을 즐겼던 건, 요즘처럼 회니 생등심이

니 하는 고급 음식을 잘 몰랐기도 했지만 관절에 좋다 해서 왔다고들 한다. 농구나 배구처럼 체육관에서 수직으로 뛰는 경기를 하는 선수들 대부분은 관절에 고질적인 병이 있다. 그래서 족발의 튼튼하고 유연한 관절을 씹으면서 이류보류(以類補類)의 기원을 했던 셈이다. 여담이지만, 족발을 먹는다고 해서 관절이 좋아지지는 않는다고 한다. 관절에 특별히 도움이 되지 않고, 콜라겐이라는 것도 아미노산으로 분해되어 우리 몸에 흡수되므로 그 쫄깃하고 탱탱한 성질을 받아들일 수 없다고 한다. 그래도 우리는 족발을 뜯으며 소주를 마신다. 기왕 먹는 거, 기름진 살코기보다는 그래도 족발이 낫지 않을까 하고 위안을 하면서 말이다.

원조의 원조, 평안도족발집

요즘 프랜차이즈 시장은 족발로 후끈하다. 한국인들이 무얼 즐기는지를 알아보려면 프랜차이즈 브랜드를 보면 된다. 1등은 단연 치킨이고, 2등은 피자다. 족발은 이런 메뉴와 유사한 무엇이 있다. 배달이 용이하다는 점이다. 그러나 족발은 역시 족발집, 그것도 장충동 가서 먹어야 진짜라고 생각하는 서울 사람이 많다. 그렇기 때문에 지금도 족발 거리는 여전하다. 서울 어디든 족발집이 있고 배달로도 시켜 먹을 수 있는 음식이 됐지만, 원조 족발의 명성이 퇴락하진 않은 모양이다. 장충동 체육관 건너 동대문으로 향하는, 경동교회로 이어지는 길이 족발 거리다. 그 골목 중간 안쪽에 평안도족발집이 있다. 특이하게도 '원조의 원조'라고 붙여놓았다.

"아무 말도 안 쓰자니 새로운 손님들은 모를 수도 있을 거라며 원조라고 쓰라던데, 다 원조라니 별수 없이 그렇게 썼지."

이렇게 말하며 이 씨가 씁쓸하게 웃는다. 그러고 보면 어디든 명물 먹거리촌은 다 원조라고 붙이는 게 유행이 됐다. 심지어 시조, 태조라고 붙이는 집도 있다. 우리의 원조 집착증에도 문제가 있겠지만, 그것도 시절의 한 풍경이겠거니 하고 넘어가자.

이 씨는 연전에 고관절 수술을 했다. 노년에 그쪽 수술은 경과가 좋지 않을 수 있다. 어떤 이들은 자리보전을 하기 일쑤이지만, 타고난 강골인 이 씨는 훌훌 털고 일어나 지금도 부엌에서 일을 한다. 아침에 출근해서 딱 오전 11시 정도까지다. 이젠 직원들이 다 알아서 하고도 남겠지만, 당신이 직접 부엌을 봐야 직성이 풀린다고 한다.

"젊어서부터 테니스를 오랫동안 쳤어요. 저어기 장충동 테니스장이 있었지. 동대문에 아이스링크가 있을 때는 스케이트도 많이 탔고. 그래서 지금도 쌩쌩한가 봅니다."

장충동 족발 맛의 비결부터 물었다. 뭔가 고상하고 비밀스러운 답을 기대했다. 그런데 돌아온 답은 참 간결하다.

"족발, 간장, 생강, 파, 양파, 끝!"

한약재며 된장, 무슨 몇 년 묵은 소금 같은 비결을 바라는 사람에게는 그야말로 허탈할 수밖에 없는 대답이다. 하지만 그게 사실이다. 그러나 쉬이 흉내 낼 수 없는 결정적 비밀이 한 가지 있다. 바로 족발 삶은 물이다. 만화《식객》에서 허영만 선생은 이 '육수'를 모티브로 이 집 족발 맛의 비밀을 풀어냈다. 육수를 도난당하는 설정을 만들어냈던 것이다. 맛의 비결이 육수라고 설정한 뒤, 그것을 훔치는 에피소드가 나온다.

"양이 얼마가 됐든 어제 남은 육수에 물과 재료를 넣고 다시 삶는 거야. 그러니 우리 집 육수는 40년이 넘은 셈이지."

《식객》에 얽힌 가슴 아픈 사연도 있다. 허 선생에게 이 집을 소개한 이는 고 박영석 대장이었다. 이 집 단골인 박 대장이 맛있는 족발집을 찾는 허 선생에게 소개했던 것이다. 박 대장과 허 선생은 각별한 사이로, 함께 히말라야 등반을 다니기도 했다.

"박영석이 꽤 자주 왔어. 마지막 원정 떠나기 전에 우리 집에 들렀길래 족발을 한 접시 공짜로 줬던 게 마지막이네."

이 씨는 말을 잇지 못한다. 그새 눈시울이 뜨거워지는 모양이다.

언젠가 허 선생을 인터뷰한 적이 있는데, 그가 박 대장과 함께 히말라야 설산을 등반한 이야기를 했다. 그때 만화 얘기는 심각하게 했지만, 등반과 박 대장 얘기는 흥겹게 했다. 한데 이젠 허 선생에게도 박 대장 얘기는 함부로 꺼내지 못할 가슴 아픈 사연이 되고 말았다.

인덕이 깃든 동업의 역사

이 씨는 1947년에 월남한 황해도 사람이다. 사리원이 고향으로, 서구식 레스토랑을 경영하던 유복한 집안에서 자랐다. 아버지는 일제강점기에 일본인 '쿠크(cook)'를 고용할 정도로 크게 사업을 해서 돈도 많이 모았다고 한다. 1946년에 아버지가 먼저 월남했고, 이 씨도 다음 해에 남하했다. 이북에서 돈 번 사람들은 김일성 정권이 들어섰을 때 월남하는 경우가 많았다. 정치적 신념도 그렇거니와 지주나 재력가들은 그 땅에서 살기 어려웠을 것이다.

"해주 바닷가에 썰물이 들 때 넘어왔어. 열두 살 때. 안내인에게 쌀 한 가마니를 줬어. 그렇게 서울 와서 아버지가 동대문시장에서 옷 장사를 했지."

시장은 월남한 이들의 터전이었다. 평안도 사람들은 주로 남대문시장, 함경도 사람들은 중부시장에 많았다고 한다. 인적·물적 토대가 없는 실향 월남민들은 시장에서 생존을 도모했다. 부산에서 국제시장이 그들의 강력한 무대가 된 것도 다 그런 이유에서다. 시장에서 동향 사람과 연대했고, 정보를 얻었으며, 물건을 팔아 먹고살았다. 월남하고 살림이 썩 나쁘지는 않았다. 이 씨는 동대문국민학교와 명문 서울여상을 졸업했다. 여자가 대학생이 되는 경우가 아주 드문 때였다. 졸업하고는 가정교사로 일하다가 윗동서가 문을 연 족발집에 합류한다. 2002년 고인이 된 윗동서 이남용 씨는 아주 악착같이 일을 잘했다고 회고한다.

"그이가 평안도 사람이에요. 나는 나중에 이 집에서 일하기 시작했지. 동서와 싸우지 않고 이렇게 오랫동안 일한 것도 무척 대단하다고 스스로 생각해요. 보통 가족 간 동업도 얼마나 심하게 싸워. 하지만 우리는 사이좋게 일했어요. 다른 거 없어. '형님보다 더 일하자' 그게 중요하고, 형님도 '손아래 동서보다 더 하자!' 뭐 이렇게 하지 않았겠어요?"

그러면서 '상을 받아도 될 일'이라고 한다. 동업이 힘들다는 건 두말할 필요가 없다. 말씀대로 오랫동안 평안도족발집의 명성을 지켜온 내력은 이런 인내와 협조의 마음이 바탕이 되었던 것이다. 그 비결을 이렇게 한마디로 정리한다.

"나는 형님 하라는 대로만 했어. 그게 다야."

1961년 처음 개업한 후에 메뉴라곤 달랑 10원짜리 빈대떡뿐이었다. 황해도에서는 막부치라고 부르면서 인기 있는 음식이었고, 평안도에서도 빈대떡은 명물이었다. 당시 삼성의 이병철 회장이 손님으로 온 것을 기억한다. 빈대떡에 곁들이는 진로 소주 한 병은 20원. 얼마나 소주를 많이 팔았으면 진로 소주 회사의 부사장이 와서 치하할 정도였다고 한다. 그러나 빈대떡 안주가 고작이라 별로 남는 게 없었다. 그러다가 1960년대 말에 족발이 메뉴에 들어간다.

"10원짜리 빈대떡만 파니까 손님들이 다른 걸 팔아보라고 하는 거야. 농구인, 배구인들이 '아휴, 지겨워요. 빈대떡 말고 다른 것 좀 하시오' 그래서 시작한 거야. 그렇게 해서 족발이 메뉴에 들어간 거요."

기억으로 400원을 받았다고 한다. 크게 인기를 끌기 시작했고, 그때부터 이 거리에 족발집이 하나둘 들어섰다. 한때 많이 팔 때는 하루에 100족 넘게 썰었다고 한다. 한 족을 보통 서너 명이 먹으니까 손님 수만 대략 300명이 넘었다는 얘기다. 50~60석짜리 식당에 손님이 300명이면 흔히 하는 말로 6회전을 했다는 말인데, 놀라울 따름이다. 요즘 이런 전설적인 가게는 드물다. 가게 수가 워낙 많은 까닭이다.

이 씨의 젊은 시절은 서울에 변변한 외식점이 많지 않던 때였다.

"당시 서래관이라는 불고기 냉면집이 있었고, 우래옥이 오두막집처럼 작을 때였는데, 참 많이도 다녔어. 불고기 하는 조선옥 그런 데 정도가 유명했어. 냉면 먹으러 많이 다녔지. 그때는 무법천지였어. 식당도 이름 없이 그냥 하는 데가 많았고, 세금 내는 집도 별로 없었고."

선입견을 깨는 쫄깃한 족발의 비결

족발을 좀 먹는다는 분들 말씀으로, 앞다리가 제일 맛있다고 한다. 실제 족발 가게에서도 앞다리는 더 비싸게 받는다. 살점이 많고, 부드럽고, 촉촉하기 때문이다. 그런데 족이라는 게 네 개가 기본이고, 어찌 됐든 도축장에서 한 마리분인 네 개를 기본으

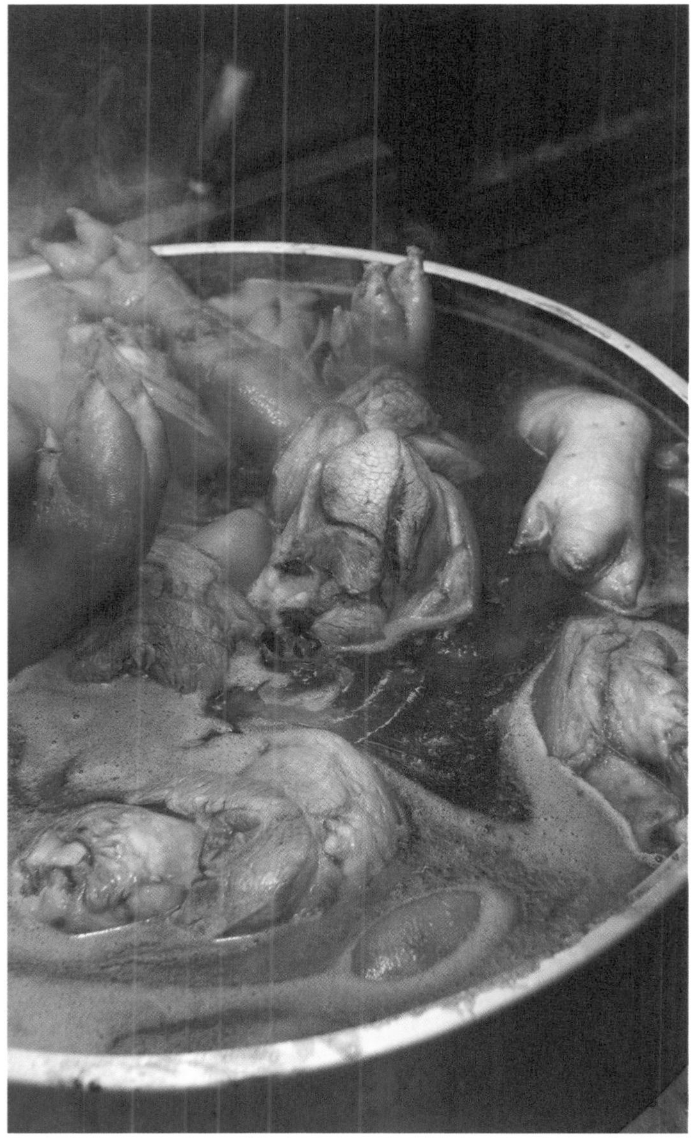

로 받아야 한다. 아무리 앞다리가 좋아도 그것만 따로 받을 수는 없는 일이다.

"돼지가 발이 네 개인 걸 어떡해? 다 요리해야지. 그런데 사람들이 잘 몰라. 뒷다리도 얼마나 맛있는지. 미식가는 뒷다리를 찾는다고. 족발 잘하는 집에서는 뒷다리를 시켜봐. 그럼 주인이 달리 볼 거요."

이 씨가 알려준 한 가지 팁은 앞다리는 식었을 때, 뒷다리는 따뜻할 때 더 맛있다고 한다. 그것은 지방 함유와 앞뒤 족의 특질 때문인 듯하다. 앞다리는 살점이 많으면서도 쫀득한 콜라겐 함유량이 높다. 비계도 적당해서 식어도 맛이 좋다. 그에 비해 뒷다리는 살코기가 많은 편이다. 그래서 식으면 조금 딱딱해진다. 그런 까닭에 삶은 지 오래되지 않아 따뜻할 때는 뒷다리가 맛이 좋은 것이다. 갓 삶은 족발을 내는 집이라면, 뒷다리를 시켜볼 일이다. 요즘 족발은 대개 쌈을 싼다. 필자가 처음 족발을 먹던 시절에는 그냥 새우젓이나 된장만 내주었는데, 요즘은 어딜 가나 상추를 함께 낸다. 그런데 이 씨는 족발을 상추에 쌈을 싸는 것은 족발 맛을 모르는 행위라고 말한다.

"왜 상추를 싸. 족발 맛을 잘 모르는 거야. 고기는 원래 상추에 싸면 맛이 줄어요. 족발도 그래. 그냥 족발의 고소한 맛, 입 안에 기름기가 쫙 돌게 내버려 둬야지."

족발 양념에 대해서도 별다른 게 없다. 간장이 들어가 은은

하게 밴 맛이 중요한데, 뭘 자꾸 넣는 것이 이 씨는 마뜩하지 않다고 한다.

"한약재랑 커피는 왜 넣어. 한약은 달여 먹어야지. 커피는 식후에 먹고. 돼지 냄새를 못 잡아서들 그런 걸 쓰는데, 잘 삶으면 아무 문제 없어."

이 씨는 흔히 족발 살점이 단단하니까 은근한 불로 삶을 것이라는 선입견을 깬다. 그냥 센 불에 시종 삶으라고 한다. 족발을 아주 부드럽게 먹으려면 모를까, 적당히 쫄깃한 맛을 즐기는 한국인에게는 센 불이 좋다는 것이다. 여기서 중요한 족발의 분류가 나오는 것 같다.

중국에서도 족발 요리를 먹는다. 한국의 족발 요리는 중국식 오향족발에서 왔다는 것이 정설이다. 오향은 팔각, 산초, 계피, 정향, 진피를 말한다(오향의 구성은 시대와 지역에 따라 다르다). 그중에 팔각의 향이 가장 강렬하고 지배적이다. 이 양념을 넣으면 돼지 잡냄새가 거의 잡힌다. 하지만 이 씨는 족발을 냄새 안 나게 삶는 기술로 '센 불에 익히기'를 들고 있다. 그래서 족발이 쫄깃하다. 그런데 오향을 쓰는 중국 족발은 부드럽고 흐물흐물하게 요리한다. 요리가 나오면 살점이 뼈에서 분리될 정도다. 반면 한국의 족발은 살점이 분리될 정도까지는 삶지 않는다. 그래서 미리 잘라서 상에 낸다. 즉, 한국 족발은 쫄깃함을 얻고 냄새

도 없애기 위해 센 불에 삶고, 중국 족발은 오향으로 냄새를 잡고 은근하게 삶아 부드러움을 얻는 것이다.

각국에서 즐기는 족발 요리

중국 족발 요리를 언급하다 보면, '탕바오쯔'를 뺄 수 없다. 바오쯔(包子)란 만두를 뜻하는데, 베어 물면 뜨거운 육수가 나오는 만두를 뜻한다. 한국에도 '빨대로 빨아 먹는 만두'라고 하여 육수가 들어 있는 만두로 알려져 있는데, 실은 족발이나 닭발의 젤라틴을 이용한 것이다. 차가울 때는 고형이고 열을 받으면 액상이 되는 젤라틴의 성질을 이용한 만두인 것이다.

이탈리아에도 족발 요리가 있다. 대개는 아래쪽 발이 붙은 족, 즉 한국에서는 미니족이라고 하여 살점이 적어 싸게 팔리는 부위를 쓴다.

독일도 돼지 족발 요리가 유명하다. 슈바인스학세(Schweinshaxe)와 아이스바인(Eisbein)이 그것인데, 오븐에 굽거나 삶는 것이다. 이때 오븐에 구워 바삭한 껍질을 얻는 것을 중요하게 생각한다. 한국에서는 껍질을 부드럽게 해서 먹는 데 비해, 독일에서는 껍질을 바삭하게 만든다.

일본에서도 족발을 먹지만, 오래된 요리는 아니다. 오키나와

돼지 족 요리가 유명하다. 제주도처럼 화산 토양에다 식생과 풍경이 유사한 오키나와는 흑돼지를 먹는 것도 비슷하다.

한국에서는 족발 요리에 대한 정보를 찾아보기 어렵다. 돼지고기를 그다지 탐탁지 않게 여기는 문화와 관련이 있는 듯싶다. 필자가 옛 기록을 찾아보았지만, 족발에 대해서는 남아 있는 게 거의 없다. 황해도 향토 음식으로 '갱엿족조림'이 있다는 정보 정도가 고작이다. 분명히 옛날에 돼지를 많이 잡았는데, 왜 족발에 대한 언급은 없을까. 소족에 비해 돼지 족이 변변한 요리 대접을 못 받았던 것은 사실인 듯하다. 중국에서는 고기[肉]라면 당연히 돼지를 뜻하지만, 한국에서는 소를 뜻한다고 한다. 1600년대 요리서인《음식디미방》에도 돼지고기 요리는 거의 언급되지 않는다. 오히려 개고기가 상세히 언급되어 있다. 전통 요리라고 하는 것도 조선 후기의 중요한 요리책인《규합총서》에 새끼돼지찜(애저찜)과 돼지머리찜,《오주연문장전산고》에 돼지꼬리찜을 소개하고 있는 정도다. 그리고 우리 음식을 샅샅이 취재해서 소개한 언론인 이규태 선생의 글에도 족발은 없다. 왜 그랬을까. 먹을 것 귀한 한반도에서 돼지 족은 매우 훌륭한 고기였을 텐데 말이다. 이것은 아직도 한국의 음식 사회사에서 미스터리의 영역이다. 식품학자인 이성우 교수의《한국식품사회사》(1984)에는 딱 여섯 줄로 돼지 족을 기술하고 있다. '저수(猪手)'

라고 표현하고 있는데, 산후에 젖이 안 나올 때 먹는다고 쓰여 있다. 여기서 저수는 앞다리를 뜻하며, 이 앞다리가 뒷다리보다 최유 효과, 즉 젖이 잘 나게 하는 효과가 크다고 적혀 있어서 흥미롭다. 이것을 고아 식사 때마다 두세 사발씩 먹을 것을 권하고 있다.

사람 구실 먼저 가르친 장사꾼의 배포

족발집이 동국대 앞에 있으니 대학생도 꽤 찾아왔을 것 같다고 하자, 그다지 많이 오지는 않았다고 한다. 대학생이 돈이 어디 있느냐는 것이다. 간혹 대학생들이 족발을 먹고 외상을 하려 하면 단호하게 거부했다고 한다. "돈 버는 것도 시작하지 않고서 외상부터 하면 큰일 난다" 이러면서 쫓았다는 것이다. 나중에 그 학생들이 찾아와서 "그때 학생증 맡고 외상 주셨으면 이렇게 찾아오지 못했을 것이다" 하면서 고마워한 적도 있었다고 한다. 대개 학생증 맡기면 되찾으러 가는 비용도 그렇고, 포기하는 경우가 흔했다는 것이다.

"족발은 묵으면 맛이 없어. 그날 바로 먹어야 돼. 그래서 장사 잘하는 집 족발이 더 맛있는 거야. 자, 먹어봐."

좋은 새우젓 하나에 족발을 찍어 맛본다. '역시' 하는 감탄이 나오는 맛이다. 족발에는 새우젓이 중요하다고 이 씨는 말한다. 삶을 때 양념이 단순하니까 새우젓으로 포인트를 찍는 것 같다. 이 집의 맛 비결은 여럿 있겠지만, 신뢰도 한몫을 한다. 족발을 대주는 집이 바뀌지 않고 한결같으며 절대 값을 깎지 않는다. 진짜 장사꾼은 길게 보는 것이라고 이 씨는 강조한다.

족발 맛도 맛이지만, 필자에게 이 집이 각별한 건 이 씨의 말대로 화목한 동업의 역사 때문이 아닐까 싶다. 지금 이 집에서는 조카며느리들이 대를 이어 일한다. 영원히 그 역사를 이어갈지 지켜보게 될 것 같다. 필자에게 족발을 내주며 이 씨가 한 말에 평안도족발집의 어떤 기운이 스며 있다.

"나는 스스로 대단한 여자라고 생각해. 그 힘으로 여기까지 왔어."

3년 전쯤, 우연히 한 노포 해장국집에서 여사장님을 만났다. 정정했지만 관절이 좋지 않아 걷기는 힘들다고 했다. 지금 건강은 어떠신지.

상호 평안도족발집 **창업 연도** 1961년 **창업주** 이남용 **주소** 서울 중구 장충단로 174-6(장충동 1가 62-16) **문의** 02-2279-9759 **대표 메뉴** 족발, 비빔막국수, 물막국수, 녹두빈대떡 / 한약재도 넣지 않는 육수로 삶은, 누구도 흉내 낼 수 없는 결정적인 족발의 맛이다. **가격** 3만~5만 원

명장의 손길과
해풍이 빚어낸
국수의 품격

• 포항 제일국수공장 •

“

국수 하는 사람은
발이 안 보여야 하니더.

”

창업 연도 : 1971년

밀가루가 물을 만나서 반죽이 되고 국수가 된다. 그다음은? 말려야 한다. 말려야 저장하기 좋고 멀리 가져갈 수도 있다. 국수는 물과 밀가루만 있으면 어디서든 만들 수 있지만 건조는 아무 데서나 할 수 없다. 우선 '볕'이 좋아야 한다. 중근동과 지중해에서 국수 문화가 태동한 것은 다 이유가 있다. 바람과 태양이 좋기 때문이었다. 이렇게 마른국수를 낙타에 싣고 대상(隊商)은 무역을 떠났다. 이탈리아의 말린 스파게티가 지중해에 인접한 남부에서 시작된 것도 다 이유가 있다. 1800년대 나폴리 사진을 보면, 국숫발이 치렁치렁 늘어진 국수 건조 공장이 등장한다. 이 도시는 겨울을 빼곤 비가 잘 오지 않는다. 덕분에 길거리가 그대로 국수 건조장이 된다. 그렇게 말린 국수에 마늘과 토마토를 넣고 스파게티를 만들어 먹었다.

해풍 건조의 전통 그대로

나폴리처럼 건조한 곳은 아니지만 한국에도 도처에 국수 공장이 있었다. 필자가 자라던 서울 변두리에도 서너 개의 공장이 경쟁하며 국수를 뽑았다. 비가 오면, 공장 식구들이 총동원되어 말리다 만 국수를 가게 안으로 들이느라 북새통을 이루던 장면이 기억난다. 아이들은 지나가다가 주인 몰래 국수를 톡톡 끊어 먹었다. 그렇게 먹는 국수는 덜 말라 비릿하면서도 짭짤했다. 맛있었다기보다 심심풀이였다. 주인에게 걸리면 치도곤을 당했다. 주인은 “먹더라도 한곳에서 잘라 먹지 이곳저곳 자르느냐” 하고 호통을 쳤다. 길이 2미터가 넘는 갓 뽑은 국수가 나무로 만든 건조대에 걸리는데, 여기저기서 잘라 먹으면 상품성이 떨어진다는 말이었다. 먹더라도 한 군데서 잘라 먹으면 피해가 덜하다는 뜻이었으리라. 어머니가 심부름을 시키면 이 공장에 가서 시멘트 포대로 포장한 국수를 샀다. 신 김치 넣어 ‘제물국수’로 끓여 먹을 때는 넓적한 가락국수, 비빔이나 잔치 국수용은 가는 국수를 샀다. 그때 가는 국수가 요즘 중면 정도의 굵기다. 당시 기술로는 요즘 나오는 가랑비처럼 가느다란 국수를 뽑을 수 없었을 것이다.

포항 구룡포에 가니, 마치 시간 여행을 떠나온 느낌이다. 1971년도에 문을 연 오래된 국수 공장이 아직도 영업하고 있다. 그리고 국수 명장 ‘할매’가 계신다. 제일국수공장의 이순화 씨다. 아예 ‘이순화의 해풍 건조 국수’라고 이름 붙였다. 해풍에 말려서 더 맛있는지는 과학적으로 검증된 것은 아닌 듯하다. 그러나 바다에서는 바람이 더 많이 불어 건조에 영향을 주는 것은 확실하다. 무엇보다 바람에 국수를 말리는 전통적인 방법을 여전히 쓰고 있다는 사실만으로도 이 국수 공장의 가치가 분명하다.

이 가게는 이제 아들 대로 넘어가고 있다. 부친은 이미 1995년도에 돌아가시고 할매가 쭉 해오다가 아들 하동대 씨가 참여하고 있다.

"경주에 살면서 그동안 쭉 도와드렸지요. 가업이니까요. 어려서부터 국수 만드는 거야 뭐 우리 일이기도 했지요. 그래서 타지 나가 살면서도 주말이나 바쁠 때는 어김없이 도와드려야 합니다. 그러다가 2년 전에 아예 이곳으로 들어왔습니다."

아들의 말이다. 국수 만드는 일은 아주 고되다. 단순한 일이지만, 신경이 곤두서기 때문이다. 바람은 제대로 부는지 봐야 하고, 무엇보다 생산량이 따라주지 않아 쉼 없이 기계와 손발을 놀려야 한다.

"비 오고 일기가 안 좋으면 손님 주문 독촉 전화가 많이 옵니다. 왜 배송이 안 되느냐고요."

까짓, 열풍으로 확 말리면 반나절에 한 트럭씩 실을 걸 왜 그리 바람 기다리고 노천에서 말리느냐고 성화인 사람도 있다. 그런 사람도 일단 이 집 국수를 삶아보면 말이 달라진다. 필자는 일주일을 기다려 겨우 국수를 받았다. 여름 뒤끝인 데다 일기가 좋아 빨리 받은 편이다. 국수를 삶으니 삶아낸 물이 맑다. 마셔보니 시원하고 구수하다. 밀가루가 잘 반죽되고 건조가 잘되면 삶은 물이 맑다고 한다.

주말에는 공장이 공개되어 손님들이 많이 찾아와 구경하고 국수를 사가니, 장터처럼 북적거린다. 그래도 어머니 이 씨나 아들 하 씨는 묵묵히 일한다.

근현대의 산물, 면 문화

면(麵)은 정치 역사의 산물이다. 이게 무슨 소리인가? 이탈리아의 예를 들어보자. 이탈리아에서는 흔히 스파게티를 많이 먹는다고 알고들 있다. 수백 년 전부터 먹었던 것처럼 여기고 있다. 그러나 사실은 다르다. 우리가 흔히 보는 말린 스파게티는 원래 남부와 해안 도시의 음식이었다. 북부의 평야와 산간지대에서는 쌀, 감자, 옥수수, 촉촉한 면으로 탄수화물을 섭취했다. 결정적으로 말린 스파게티가 전 국토에 퍼진 대사건이 연달아 발생

한다. 바로 두 차례의 세계대전이다. 말린 스파게티는 보관 기간이 길고(3년 이상) 요리하기 간편해서 궁핍한 전쟁 기간에 더없이 훌륭한 음식이었다. 군인들의 전투식량으로도 그만이었다. 언제든 삶기만 하면 소금을 뿌려 먹을 수 있었다. 위급할 때는 그냥 먹어도 됐다. 이미 어느 정도 익혀서 말린 국수이기 때문이다. 징집된 병사들이 귀향하면서 말린 스파게티 문화도 퍼져나갔다.

한국의 면 유행도 그렇다. 임오군란(1882)은 청이 개입할 명분을 주었다. 이홍장(李鴻章)이 이끄는 부대가 남대문 앞까지 들어와 진을 치고 대원군을 부를 지경이었다. 군대가 들어오면서 민간인들도 점차 인천에 발을 디뎠다. 우리나라에 남아 있는 근대 서양식 건축물의 다수는 이때 건너온 중국인 석공들의 작품이다. 이때 음식 문화도 함께 들어왔다. 두말하면 잔소리인 짜장면은 물론이고, 울면과 우동(다루멘)도 들어왔다. 다루멘(打鹵面)은 비운(?)의 국수다. 원래 우동과는 상관없는 중국의 겨울 면으로, 뜨끈하게 맑은 육수에 말아낸 국수다. 한국에 들어와서 처음에는 본명을 고수하다가 이내 '우동'으로 불렸다. 일본의 외래 국수로 이미 자리 잡은 우동의 명성에 기대는 작명법이었으리라.

면이 정치 역사의 산물인 건 우리 면 문화의 토대가 바로 식민지와 전쟁의 근현대에 생겨났기 때문이다. 현재 우리가 먹는 소면(素麵)은 누대에 걸쳐 먹던 전통 음식이긴 하지만 몇몇 요소는 일제강점기에 달라졌다. 우리 유년의 기억에 등장하는 동네 국수 공장이 바로 그것이다. 노천의 국수 건조기는 일본이 이탈리아의 스파게티에서 받아들인 것이라는 설이 유력하다. 당시 이탈리아 나폴리에는 그런 국수 공장이 흔했다. 이 공장을 한반도에 세운 건 물론 일본이었다. 제일국수공장은 그 시기에 창립되지는 않았지만, 역사적 뿌리는 일제강점기로 넘어간다. 구룡포에 국수 공장이 유독 많았던 것은 해풍으로 건조하기 쉬웠던 이유도 있을 테고, 구룡포가 일제강점기에 유명한 어업 전진기지로서 일인들이 많이 살았던 것도 영향을 끼쳤을 것이다.

면 대중화의 정치적인 면은 한국전쟁과 한미 관계에서도 찾을 수 있다. 소면, 짜장, 우동과 같은 면 음식의 대유행은 미국의 원조 덕이었으니까. 1956년, 미국 공법 480조(PL480조)에 의한 미국 본토의 잉여 밀가루 공급은 안 그래도 쌀이 부족하던 한국에 엄청난 충격으로 다가왔다. 이승만, 박정희 정권은 포고령을 통해 강제로 쌀 대신 밀가루를 먹게 했다. 식량문제는 곧 정권 안보의 차원이기도 했다. 중년들의 기억에 아직도 생생한 혼분식의 추억은 그렇게 한반도 정치 역사의 어떤 상징이었던 것이다.

구룡포 유일의 국숫집을 지키는 노익장

제일국수공장에서 맛있는 국수 만드는 비법은 단순하다.

"초리~하고 매끄리~하게 만들어야 맛있제."

그걸로 끝이다. 탱탱하고 예쁘고 매끈하게 빚어야 한다는 말씀이다. 재래식 기계에서 뽑은 국수를 바닷바람 부는 건조장에 내다 말린다. 건조장이라고 해봐야 자그마한 마당이 전부다. 그래서 국수를 사려면 한 달 넘게 기다리기가 일쑤다. 건조는 국수의 품질에 큰 영향을 끼친다. 소금과 물 말고는 아무것도 넣지 않는 이 집 국수가 맛있는 이유다. 밀가루야 어디서나 볼 수 있는 그런 공산품이고.

"겨울에 국수가 더 맛있니더. 하늬바람 불 때 국수가 최고니더."

바람이 국수를 만든다는 얘기다. 이 집 국수는 삶아놓으면 탱탱하고 쫄깃하다. 입 안에서 입체적으로 착착 감긴다. 씹는 맛이 살아 있다고밖에 표현이 안 된다. 희한한 맛이다. 이방인들의 질문에 대꾸하면서 할매는 발이 안 보이게 바쁘다.

"국수 하는 사람은 발이 안 보여야 하니더. 엄청 바쁜 일이라 놀면서는 모합니더."

다 마른 국수를 자르는 이 씨의 손길도 신기하다. 기계를 쓰지 않고 손대중으로 툭툭 잘라도 아주 정확한 길이가 된다. 평생 이다시피 해온 일이니 당연한 거 아니냐고 되묻는다. 원래 구룡포에는 제일국수공장이 생길 무렵 여덟 개의 국수 공장이 있었다고 한다. 그런데 모두 문을 닫고 이 집 하나만 남았다. 효율이 우선시되는 대형 국수 공장의 공세에 밀려 자연 건조하는 국수 공장의 경쟁력이 떨어졌기 때문이다.

시절이 변해 맥이 끊길 뻔했던 자연 건조 국수가 다시 인기를 끌고 있다. 국수 맛이 좋으니 사려는 사람이 많아 그럭저럭 품값은 빠진다고 한다. 얼마 전에 주문해서 받은 국수가 다 떨어졌다. 다시 구룡포에 가야겠다. 제일국수공장에서는 국수를 먹

을 수 없지만, 바로 앞 철규분식에서 쓰는 국수가 바로 이 공장 것이다. 값도 싸고 맛있는 멸치국수를 권한다.

상호 제일국수공장 **창업 연도** 1971년 **창업주** 이순화 **주소** 경북 포항시 남구 구룡포읍 호미로221번길 19-2(구룡포리 963-24) **문의** 054-276-2432 **대표 메뉴** 국수 / 국수 명장의 손끝에서 나오는 격이 다른 자연 건조 국수다. **가격** 국수 한 묶음에 2,500원

타국에서도 명맥을 잃지 않은 우리식 냉면

• 고베 원조평양냉면옥 •

"

한평생 냉면을 말았어요.

"

창업 연도 : 1939년

일본과 냉면을 둘러싼 두 가지 흥미로운 취재기다. 하나는 전 세계의 냉면집 중에서 오래되기로 선두를 다투는 곳이 일본에 있다는 사실이고, 다른 하나는 남북한을 넘나들며 거의 모든 냉면을 먹고 기록해온 일본인에 대한 이야기다. 프란시스 야마토, 1988년생. 웨이브를 넣어 길게 기른 머리, 잘생긴 얼굴. 록그룹 보컬리스트 같은 풍모다. 그가 대뜸 한국어로 말했다.

"안녕하십니까. 야마토입니다."

이런! 그는 한국어에 유창하다. 그를 냉면집에서 만났다.

'ᄋ '냉면 오타쿠'를 만나다

원조평양냉면옥. 고베의 재일 동포 집단 거주 지역인 나가타(長田)에 있는, 평양 사람이 대를 이어서 운영하는 진짜 냉면집이다. 프란시스 야마토도 이 가게의 단골이다. 자연스레 이 집에서 인터뷰가 시작됐다. 그가 문서 한 장을 내민다. 최근 냉면에 대해 일본 현지의 '오타쿠'들과 세미나를 했다고 한다. 문서 제목이 '프란시스 야마토의 조선반도 종단 냉면 기행'이다. 한국 냉면광의 꿈이다. 평양과 함흥, 원산, 개성과 금강산에서 모두 냉면을 먹어보는 일. 그는 일본인이어서 관광객으로 북한 냉면집을 두루 들렀다.

“제일 맛있는 집은 만수대 예술창작단 구내식당 냉면입니다. 진하고 맛있었어요.”

그는 평양 혈통이다. 증조부가 평양 출생이다. 조부도 물론이다. 패전 후 도쿄로 이주했다. 그에게는 냉면의 유전자가 있다.

“초등학교 때 도쿄 우에노(上野)의 재일 동포 냉면집에서 처음 맛봤어요. 그때부터 신기하게 빠져들었어요. 중학교 때 가족과 함께 서울에 와서 다시 냉면을 먹었죠. 동치미(그는 또렷하게 발음했다)와 면의 조화가 맛의 기억으로 남았습니다.”

한국의 거의 모든 냉면을 먹었다. 그의 문서에는 ‘거냉, 민짜, 엎어말이’ 같은, 냉면꾼들도 잘 모르는 말이 쓰여 있다. 물론 그는 다 알고 있는 용어다. 심지어 한국인은 고급 냉면 축에 안 끼워주는 인천 화평동 세숫대야냉면(한글로 그대로 쓰여 있다), 부산의 밀면 들도 상세하게 적혀 있다. 그걸 다 먹어봤다.

“동치미와 물김치를 쓰는 냉면이 제일 맛있어요. 그게 진짜 냉면 아닌가요? 그래서 남포면옥(다동 소재)을 좋아합니다.”

우래옥은 어떠냐는 말에 “고급이죠. 비싸지만 깊은 맛이 있어요”라고 대답한다. 그러고는 봉피양은 우래옥 출신 주방장 김태원 씨가 맛을 내는데, 왜 우래옥과 완전히 다른 맛이냐고 내게 반문했다(봉피양은 김태원 씨가 자신의 레시피를 새로 만들어서 우래옥 출신이지만 맛이 많이 다르다).

그는 평양에 자주 갔다. 2010년부터의 일이다. 옥류관, 청류관, 만수대창작단 구내식당, 고려호텔 구내식당 등을 다녔다.

"고려호텔 1층에 있는 식당 냉면을 최고로 치는 일본인도 많아요. 지금은 맛이 별로라는 설도 있고."

평양의 냉면은 전체적으로 한국보다 새콤달콤하고 진한 맛이 특징이라고 한다. 면의 색이 특히 다른데, 검은색이 강하다.

"예전에는 흰색을 띠었는데, 점차 검어졌어요. 쫄깃해지고."

그는 함흥에서 물냉면을 먹어봤다. 농마국수라고 그가 발음한다. 함경도에서는 고구마나 감자로 전분을 내어 졸깃한 면을 얻는다. 한국에서처럼 함흥냉면이 회를 얹은 비빔냉면을 의미하지 않는다. 그것도 대세는 물냉면이다. 평양과 달리 면과 고명의 차이가 있다. 가자미나 명태회를 얹어주더란다. 맛있게 잘 먹었다고 말한다. 그는 냉면광이자 동시에 한국가요광이다. 남인수, 손목인, 왕수복 같은 가수의 노래를 핸드폰에 저장해서 듣고 다닌다. 왕수복이 누군가.

"기생 출신으로 알려져 있고, 월북했어요. 그래서 한국에서는 오랫동안 금기 인물이었죠."

냉면은 물론 한국가요사도 무불통지다. 언젠가 관련 책을 쓰고 싶다고 한다.

평양 사투리가 왁자하던 냉면집

그와 냉면집 안주인 김영선 할머니가 같이 자리에 앉았다. 궁금한 게 많은 모양이다. 일어와 한국어가 교차하고, 통역이 바쁘게 옮기는 특별한 인터뷰가 됐다.

"내년에 80주년이에요(인터뷰 당시인 2018년에 80주년을 한 해 앞두고 있었다). 1951년에 야마구치현에서 이곳에 시집와서 한평생 냉면을 말았어요. 1939년에 저쪽 해안가에서 창업했는데, 고생이 막심했다고 해요. 물에 떠내려오는 나무를 때서 물을 끓였으니."

창업주 장모란 할아버지(1959년 작고)는 평양에서 냉면 배달 일을 한 적이 있다. 고베에 와서 먹고살기 위해 냉면집을 열었으면 했는데, 기술이 없었다. 평양 출신 동포들에게 물어물어 독학으로 익혔다. 실패해서 강에 버린 국수가 많았다고 한다. 그러다 아는 이가 국숫분통(국수 내리는 도구)을 어디선가 가져다주어 비로소 면을 제대로 뽑을 수 있었다. 장 할아버지는 식민지 시대에 돈을 벌러 도일한 케이스였다. 당시 고베 지역에는 고무 공장 등에 징용 온 후 귀국하지 않은 이들이 많았다. 그들이 동포 사회를 이루었고, 냉면집 고객이 됐다. 죄다 평양 출신 인사들이었다.

"고향 사람들을 만나러 우리 냉면집에 왔어요. 평양 사투리가 왁자지껄했어요."

김 할머니의 증언이다. 장작과 탄을 때서 면을 말았다. 기름도 쓰다가 이제는 가스다. 편리한 세상인데, 예전의 왁자한 평양 사투리는 이제 들리지 않는다. 거의 돌아가셨다. 그래도 나가타 지역의 동포가 절반, 일본인이 절반쯤 손님을 구성한다. 한국에도 알려져 짬짬이 꽤 오는 편이다.

할머니의 국적은 '조선'이다. 북한이라는 뜻이 아니다. 이젠 없어진 옛 조선이다. 조선이 패망했지만, 그 후 생긴 남북한 어느 쪽의 국적도 얻지 않고 그냥 살고 있다. 재일 동포의 상당수가 이렇게 조선 국적을 고수하고 있다.

"평양시 동대원구역 신양리가 고향이에요. 다시 갈 수 있을지요."

ᄉᄋ 냉면을 여전히 메인으로 내다

냉면 메뉴는 조금 특이하다. 스페셜은 일반 냉면에 갈비구이를 얹어주고, 대짜를 시키면 우리가 상상하는 일반 냉면이다. 소짜도 있다. 면은 흰 편이다. 메밀 배합은 3할. 메밀 속살을 갈고 밀가루를 섞는다. 적당히 쫄깃하고 산뜻하다. 1인분도 일일이 반죽한다. 면 뽑는 일은 이미 환갑을 넘긴 아들 장수성 씨가 한다. 이 집은 일본 내 다른 냉면집과 달리 우리 냉면과 상당히 유사하다. 동치미와 고깃국 물을 3 대 2로 배합하고, 고춧가루를 술술 뿌려 낸다. 겨자, 식초를 쳐서 먹으라고 권해준다. 좀 달고 신맛이 있는데, 이것은 북한과 비슷하다. 깔끔하면서도 여운이 길게 남는 냉면이다. 상당한 솜씨다.

냉면의 원형에 대해 얘기를 나누다 보니 야마토 씨가 대전 숯골원냉면 얘기를 꺼낸다. 얼마 전 작고한 박근성 옹 소식도 알고 있다. 그의 부친과 연배가 비슷하다고 한다. 박근성 옹은 평양 고보 재학 중 월남하여 숯골원냉면을 일군 우리나라 냉면 1세대 증인이다. "숯골원이 물김치, 동치미를 씁니다. 아마 옛날 북한 냉면과 많이 비슷하지 않을까 생각해요. 지금 북한 냉면은 면이 달라지고 고명도 화려해져서 비교하기 어렵습니다."

김영선 할머니는 "지금은 불고기도 하지만 원래는 냉면만 팔

왔어요. 시어머니가 불고기를 시작한 건 더 나중이지요. 여름엔 냉면, 겨울엔 만둣국이 메뉴였어요"라고 한다.

지금 일본에서 냉면 파는 집들은 거의 고기가 중심이고 사이드 메뉴로 냉면을 다룬다. 냉면이 중심이었던 식당, 지금도 냉면만 먹으러 오는 손님이 더 많은 집은 아마도 이곳과 일본 북부 모리오카(盛岡) 일대의 냉면집 정도가 아닐까 한다. 모리오카는 함경도 출신 고 양용철 씨가 1950년대 초반 냉면집을 열면서 도시 전체가 냉면 특구가 된 특별한 경우다. 물론 모리오카에서도 고기를 같이 판다.

뒤늦게 냉면 한 그릇을 청한다. 시원한 국물에 신맛이 깊게 새겨져 있다. 동치미다. 고명으로 얹은 고기도 정성이 있다. 면을

씹어본다. 적당히 쫄깃하고 끊어지는 맛도 있다. 돌아서면 다시 은근히 당기는 맛이다. 선입견을 버리고 온전히 맛을 보면 더 매력적이다. 이 냉면이 오래도록 이 동네에서 살아남을 것 같았다.

상호 원조평양냉면옥 **창업 연도** 1939년 **창업주** 장모란 **주소** 6-chōme-1-14 Hosodachō, Nagata-ku, Kobe, Hyogo 653-0835 **문의** 81 78-691-2634 **대표 메뉴** 냉면(스페셜, 특대, 대, 소) / 깔끔하면서도 여운이 남는 맛이 특징이다. **가격** 650~1,200엔

노포는 역사와 추억을 엿듣는 곳이다

노포라는 말은 대단히 심리적인 용어다. 그저 세월로만 설명할 수 없는, 객을 잡아끄는 인력(引力)이 있는 집이라는 뜻이 숨어 있다. 더러 불친절과 비싼 값을 감수하면서 사람들은 노포를 찾는다. 본디 노포란 꼭 식당만을 의미하지는 않는다. 오래된 가게는 무엇이든 노포가 될 수 있다. 그런데 유독 노포를 거론하면 우리는 식당을 떠올린다. 식당을 프랑스어로 레스토랑, 즉 심신을 쉬고 다시 정돈하는 곳이라고 명명한 것은 그런 의미에서 서로 닿아 있다. '노포=식당=휴식'의 등식이 정립되는 것이다. 여기서 휴식이란 심리적인 안정을 얻는다는 뜻이다. 그래서 우리는 오랜 손맛의 노포를 찾아 옛 정취와 마음의 평화를 얻으려 한다. 물론 그 오랜 세월 살아남은 결정적 이유인 맛은 포기할 수 없다.

노포 프로젝트를 진행하면서 많이 걱정한 것은 부족한 시간이었다. 식당 일을 겸하면서 취재를 다니는 것이 쉽지 않을 거라고 예상했다. 그런데 복병(?)은 따로 있었다. 섭외가 문제였다. 특히 전화로 용건을 말하면 대부분 거절당하기 일쑤였다. 주인이 없다고 따돌리는 경우도 많았다. 심지어는 "우리 그런 거 안 해요"라고 딱 잘라버리기도 했다. 텔레마케팅도 이렇게까지 야박한 대우를 받지는 않는다고 스스로 허탈해한 적도 있다. 최근에 인터넷 등 매체가 늘면서 취재원 섭외가 어려워지는 건 자연스러운 현상이다. 그래도 조금 심하다는 생각이 들었다. 시쳇말로 '가게 홍보에도 도움이 될 텐데 너무한다'는 불만이 치밀기도 했다.

그런데 아주 우연한 계기로 박대하는 원인을 알 수 있었다. 한 노포에 취재하러 들렀다. 지인을 통해서 섭외를 했기 때문에 만나는 건 어렵지 않았다. 인터뷰를 하면서 이런저런 섭외의 어려움에 대해 말했더니 주인이 대뜸 "말도 마쇼" 하며 말을 잘랐다. 그러면서 가게 카운터 뒤로 필자를 데리고 갔다. 몇 뭉치의 책이 쌓여 있었다. 펼쳐보니 고만고만한 인물들(대개는 의회 출마 희망자들)을 다루는 매체였는데, 절반쯤은 식당과 기타 가게

들을 홍보하는 내용이었다. 조악한 편집에 글이라고 하기 어려운 원고로 채워져 있었다. 이 주인도 이 매체에 섭외되어 '게재'된 대가로 반강제로 기백 권의 발행물을 샀다는 것이었다. 그렇게 200~300만 원의 '협조'를 당한 것이었다. 문제는 그런 매체가 한둘이 아니라는 점이었다.

필자가 쓰려는 책은 그런 의도가 없다며 강매는 절대 없으니 취재를 허락해달라고 해도 거절당하기 일쑤였다. 필자의 선의는 정확히 전달되기 힘들었다. 특히 유명 신문이나 텔레비전에 소개되면, 그것을 보고 수많은 '매체'에서 추가로 취재 요청이 오고, 상당수가 나중에 발행물을 구입해달라고 요청한다는 것이었다. 다 먹고살기 위해 하는 일이고, 매체의 우열을 따진다는 것도 당찮다. 그러나 강매를 목적으로 취재하는 매체의 일이란 참으로 서글프고 곤란하기 그지없다. 필자가 운영하는 식당에서도 그런 일이 있었는데, 한 매체에 소개된 후 자칭 아무개 시사미디어 뭐라고 하는 곳에서 온 전화를 받은 적이 있다. 거절 의사를 밝혔는데도 불구하고, 그는 몇 주간 그 희한한 매체를 계속 발송한 적이 있다. 물론 지로 용지를 포함해서 말이다. 차제에 이런 문제는 확실히 정리되어야 한다.

이 책 취재에서 전라도가 누락된 것도 그런 이유가 있었다. 의도한 바는 아니었고, 섭외가 어려웠다. 아무개 식당의 경우 오래된 식당으로 명망이 있었는데, 출간 직전에 취재를 거절하여 아쉬움을 남겼다. 향후 더 많은 노포가 기록물로 남을 수 있기를 바란다.

이 책은 백년식당이라는 콘셉트를 내세웠다. 하지만 정작 문자 그대로 100년이 된 식당은 없다. 그도 그럴 것이 우리에게 100년이라는 시간은 자못 복잡하고 난해한 세월이기 때문이다. 구한말에서 일제강점기, 해방 공간의 좌우충돌, 끔찍한 전쟁과 그 후유증, 그리고 이승만 정권과 민주혁명에 이어지는 쿠데타, 그리고 산업화와 현재에 이르는 나라의 역사를 돌아보면 쉽게 짐작이 갈 것이다. 어떤 식당도 이 100년의 세월을 차분하게 보낼 상황이 되지 않았던 것이다. 1960~1970년대에 역사를 시작한 식당의 대다수가 중간에 그만두어 긴 역사를 잇지 못했다.

우리에게는 식당업으로 대를 잇는다는 개념 자체가 없거나 희박했기 때문이다. 식당 일은 천하고 힘들어서, 자식에게 물려준다는 생각이 별로 없었다. 더구나 88올림픽 이후 외식업이 팽창하면서 탁자 놓고 물만 끓이면 손님이 몰려들었다. 김영삼 정부 무렵에는 거품 경기가 일어 전 국토가 흥청망청 돈을 써가며 붓고 마셨다. 이때 돈이 크게 돌고 투기 바람도 불었다. 얌전히 주방에서 요리하고 카운터에 앉아서 식당 운영하는 사람들은 바보였다. 적어도 분점과 프랜차이즈를 열어 돈을 모으거나, 아니면 번 돈으로 땅을 사는 게 현명했다. 식당 밖으로 떠도는 게 먹고사는 데 더 유리한 상황이 벌어진 것이다. 우직하게 솥에 밥을 하고 국 끓이는 건 바보 취급당하는 시절이었다. 그러다가 IMF를 맞았고, 이후 식당 경기는 김대중 정부 시절 카드 거품으로 잠깐 회복되었을 뿐 제대로 일어난 적이 없다. 이런 와중에 업력을 쌓아갈 식당은 스스로 무너지고, 그 역사의 단절을 가져왔던 것이다.

본문에도 언급했지만, 십몇 대를 잇는 일본 식당의 후계자를 만나면 대개 이런 말을 한다.

“저는 선대와 ‘똑같은’ 음식을 지속할 수 있도록 온 힘을 쏟겠습니다.”

똑같이. 이 얼마나 무서운 말인가. 우리나라 사람들은 이런 상황에서 이렇게 대답하기 일쑤다.

“저는 물려받은 이 식당(또는 업)을 더 발전시켜서 훌륭하게 키우겠습니다.”

물론 민족적인 개성의 차이도 존재할 것이다. 장인과 전문가를 우대하고 가업의 전승을 보편적으로 바라보는 사회의 특징일 수도 있다. 어쨌든 한국에서 단지 수성(守城)을 목표하는 이는 별로 높은 지지를 받는 것 같지 않다. 우리 일반의 인식도 마찬가지다. 대를 이어 대여섯 평짜리 식당을 유지하는 게 목표라는 식당 후계자는 손가락질 받기 딱 알맞았다. 이런 인식이 저변에 깔려 있는 사회에서는 노포가 유지되고 발전하기 어려웠다. 전형적인 3D 업종인 '밥집'을 대물리고 싶었던 선대 주인도 드물었고, 이어받고 싶어 하는 후대도 드물었다는 뜻이다.

그런데 요즘은 많이 달라졌다. 노포의 가치가 상승하고 있다. 길을 걷다가 'since 19○○년'이라고 써놓은 간판을 종종 보게 된다. 그 역사라는 게 차마 손발이 오그라드는 '20○○년'도 있어서 실소를 자아내게 하지만, 그만큼 가게를 얼마나 오래 유지하느냐 하는 것이 영업의 한 요인이 된다는 점을 인식하고 있다는 뜻도 된다. 물론 손님 입장에서도 가게의 역사가 선택의 중요한 요소가 되고 있다는 방증일 것이다.

업력에 대해서는 독자들에게 한 가지 고백을 해야겠다. 각 노포의 업력 중 상당수가 정확한 날짜를 알 수 없었다. 심지어는 시작한 연도조차 정확하지 않다. 선대가 이미 돌아가셨거나, 생존하는 경우에도 자료가 없어 기억에 의존해야 했다. 그러다 보니 정확한 기록 자체가 없었다. 앞서 밝혔듯이 가게 역사에 대한 관심이 부족했고, 격동의 역사를 살다 보니 자료를 챙길 틈도 없었다. 장차 노포와 관련된 더 많은 취재와 연구로 이 허술한 빈틈이 메워지기를 기대한다.

노포에 대한 인식 부족은 취재한 오너들에게서 먼저 발견된다. 노포가 우리 음식 역사에서, 넓게는 민속사랄까 사회사에서 차지하는 중요성을 거의 알지 못했다. 예를 들어 우리 설렁탕의 산 역사인 잼배옥의 김현준 씨는 한때 가게를 그만두고 이민을 실행한 적이 있다. 이민 생활이 맞지 않아 돌아왔으니 망정이지, 그렇게 떠났다면 우리 노포의 한 역사가 사라져버리고 말았을 것이다. 일 자체가 너무 힘들고 사회적 인식도 낮은 까닭에, 노포를 만들어보겠다는 의지를 품기 어려웠다. 먹고사는 게 전부이던 시절이었다. 지금도 그렇게 아차 하는 순간에 없어지는 집들이 적지 않다.

특히 피맛골 일대가 헐리면서 노포의 기준에 들 만한 식당들이 폐업하거나 자리를 옮겨가서 겨우 영업은 하고 있지만 대를 물려 영업할 의지를 보이지 않는 경우가 있다. 구시가의 역사가 사라질 때, 우리 사회사도 함께 역사의 뒷길로 흔적도 없이 매몰된다는 것을 우리는 직시해야 한다. 단순히 금전적 지원에 그치지 않고, 가업 전승의 영예로움을 응원하는 다양한 방책이 있어야 할 것 같다.

최근 언론과 관(官)에서 관심을 보이면서 비로소 노포의 소중함을 깨닫고 있다. 관에서 하는 일은 흔히 예산 낭비나 헛다리 짚는 일로 지적하는 경우가 많은데, 노포를 선정하고 보존하며 앙양하는 문제에 있어서는 관의 더 적극적인 지원이 필요하다. 몇몇 식당에서는 "시에서 증서도 주고 중요하다고 하니까 중요한 줄 알았다"라고 증언하고 있다. 언론에서는 〈중앙일보〉가 이 문제에 대해 중요성을 알고 보도하는 데 지면을 아끼지 않았다.

향후에도 이 문제를 더 깊이 연구하고 보도할 수 있기를 바란다.

개별 지면에는 이런저런 사정으로 적지 못한 후일담도 있다. 광명식당도 역시 섭외에 어려움을 겪었다. 와서 순대 만드는 것을 보거나 방문하는 것을 피하지는 않겠다고 했지만, 인터뷰는 극구 사양했다. 막상 방문하니 마침 주인은 안 계시고 그 집의 맏며느리가 아침 일찍부터 국 끓이고 순대를 썰고 있었는데, 자연스레 제주의 돼지고기 애호 문화에 대한 여러 이야기를 들을 수 있었다. 제주는 알려진 대로 돼지와 함께 모든 애경사가 이루어진다. 본인의 혼사에도 돼지를 잡았으니 그 생생한 이야기를 현장감 있게 청취했고, 원고에 충실하게 반영할 수 있었다.

광명식당은 필자나 노중훈 씨나 매우 좋아하게 된 집이다. 노 씨는 알려진 대로 안 다닌 데가 없는 마당발 여행 작가로 방송계에서 음식 전문가로도 명망이 높은데, 이처럼 맛있는 순대는 맛보기 어렵다는 결론을 내렸다. 돼지 피(선지)와 곡물이 많이 들어간 전통 순대의 맛이 혀에 깊이 새겨진 집이었다. 머리 고기와 내장이 섞여 나오는 안주 접시도 질감과 향이 최고였다. 돼지라는 음식 재료가 어떻게 멋진 요리로 바뀔 수 있는지를 성공적으로 보여준다. 돼지도 기왕에 도살했으면 적어도 이런 요리는 만들어야 바람직한 일이 아닌가, 뭐 이런 상념에 빠지게 만들었다. 기회가 되면 제주 동문시장 한구석에 있는 이 집에서 느긋하게 순대와 고기를 즐기기 바란다. 특별한 추천을 더한다.

서울의 노포에서 다섯 손가락 안에 무조건 꼽히는 집이 우래옥이다. 이 집에 대해서는 필자가 언설을 더하는 것이 사실 누추하고 민폐다. 그러나 책에 올리기 위해 취재하는 동안 이 집의 정제된 골조를 보면서 더욱 존경심을 품게 됐다. 특히 환갑 진갑 다 지난 오랜 근속자가 있다는 건, 달리 설명할 방법이 없는 특별함이 아니겠는가. 언제나 한결같은 서비스와 맛, 손님에게 최선을 다하는 마음(이것이 식당의 본질이다)이라는 추상적인 언어가 구체적으로 살아 있는 곳이 우래옥이다. 서비스업에 대한 연구자들, 외식업 전공자들은 두꺼운 전공 서적과 함께 이 집을 취재하고 관찰해야 한다고 믿는다. 길게 쓸 것도 없이 단연 압도적인 식당이고, 서비스의 현장이다. 물론 음식 맛이야 더 말해서 무엇하겠는가. 본문에서도 언급했듯이, 이 집은 냉면집이 아니라 북한 음식점이다. 불고기를 다 먹고 냉면을 곁들이는 방법은 언제나 최고의 경험을 선사한다. 비용은 좀 들겠지만, 재료비와 서비스를 생각하면 결코 과하지 않다.

서민형 대폿집의 전설인 열차집은 이제 피맛골을 떠나 공평동에 자리 잡고 있다. 본문에도 기술했지만, 다행스럽게도 열차집이 들어가면 딱 좋을 장소에 있다. 이 집 굴젓과 빈대떡의 조합은 최고다. 외국에서 혹시 손님이 온다면, 우리 노포의 전형을 보여주고 싶다면, 서슴없이 선택할 집이다. 특히 싹싹하고 시원시원한 이 집 아드님의 영업 솜씨를 좀 보라고 권한다. 좁은 가게 안에 빈대떡 굽는 냄새가 가득 차고, 불콰해진 얼굴의 남녀노소가 파안대소하며, 여기에 아드님의 흔쾌한 표정을 흘끗흘끗 보면서 마시는 막걸리는 그야말로 좋은 술자리의 기쁨을 안겨준다. 화·목·토에는 어머니가 나와서 손수 빈대떡을 부치고 손님 응대를 하니, 일부러 요일을 맞춰 가보는 것도 좋다. 왜 그런 집이 있지 않은가? 주인이 좋아서 뭘 좀 막 팔아주고 싶은 집, 배가 불러도 막 시키고 싶은 집. 바로 열차집이 그런 술집이다. 주인의 좋은 품성이 어떻게 가게의 힘으로 작용하는지 확인할 수 있는 집이다.

청진옥은 두말이 필요 없는 중요한 우리 노포다. 그 가게가 자기 자리를 잃고 개성이라고는 쥐뿔만큼도 없는 사각형 빌딩 한구석에 놓여 있다는 것 자체가 우리의 책임 같았다. 물론 청진옥은 개인이 소유하고 있는 사적 공간이고 영업 행위가 일어나는 집이다. 그러나 우리는 이런 공간을 공공재로 보기 시작했다. 청진옥이 헐리기 전에 이런 관심과 인식이 있었으면 얼마나 좋았을까 하고 아쉬울 뿐이다. 여담인데, 우리는 피맛골이 사라진 발단과 경과에 대해 어떤 식으로든 조사하고 공유해야 한다고 생각한다. 그것이 피맛골을 되살릴 수는 없지만 향후 수없이 발생할 제2, 제3의 피맛골 사태를 막는 하나의 단초가 되리라 생각한다. 아마 청진옥을 물려받은 후대들도 이 문제에 힘을 보탤 것이다. 참, 청진옥의 맛에 대한 사적인 평도 더해야겠다. 해장국은 역사의 음식이다. 우리는 청진옥 해장국 한 그릇을 먹으면서 역사에 참여하는 것이다. 더 이상 어떤 평이 필요한가.

냉면집에 대해서 우리는 언제부터 그리 말들이 많았을까. 인터넷은 새로운 시대의 냉면 애호가들을 양산하는 데 가장 크게 기여했다. 선주후면, 반반(만두와 제육을 반 접시씩만 시키는 주문법), 순면(메밀 100퍼센트), 가위 절단에 대한 극렬한 혐오, 식초와 겨자에 대한 경원……. 이런 다양한 '냉면광 시대'의 언설이 광범위하게 퍼지는 데 인터넷에 올라온 글들이 한몫했던 것이다. 이런 기호들이 냉면을 더 깊이 잘 먹는 데 영향을 주었다. 그러나 몇몇 엉뚱한 주장이 걸러지지 않고 퍼진 바도 있다. 이른바 냉면계의 메이저 마이너 운운(云云)이다. 도대체 그것을 가르는 기준이 엉뚱하고 편파적이다. 메밀 함량이나 육수에서 소고기 사용량을 보통 기준으로 하는데, 정작 냉면의 원조라 할 평양에서는 그런 기준이 만들어진 바 없다. 육수에 어떤 고기를 쓰는가 하는 것도 요리사의 선호에 따른다는 것이 더 정확하다. 어느 냉면집이 값이 싸고 소고기를 쓰지 않는다며 마이너로 분류한 어떤 글을 보았는데, 이는 스스로 냉면에 대한 무지함을 보여주는 것일 뿐이다. 물론 우리는 모두 개인적이며 일방적인 존재다. 그건 음식에 있어서도 그렇다. 당신이 사랑하는 음식에 대해 자부하라. 필자는 그렇게 말한다. 음식은 한 사회의 반영이다. 거기에 선과 악은 없다.

부산은 서울과 함께 노포가 많은 지역이다. 그런데 그 이유는 달리 보인다. 서울은 한 나라의 수도로서 외식업의 번창을 주도했고, 식당 수도 단연 최고다. 이런 환경에서 살아남은 노포가 많은 것은 당연해 보인다. 그런데 부산의 경우는 조금 다르다. 이른바 지역의 보수성이 더 큰 영향을 끼친 듯싶다. 어떤 의미에서는 발전에 소외된 낙후성이 노포를 지켜왔던 점도 있다. 보수성과 개발 소외가 오히려 노포의 측면에서는 '서식 환경'이 더 좋았다고 할 수 있는 것이다.

부산 최고의 국밥집인 할매국밥도 그렇다. 임시정부 시절 교통부가 들어서면서 주요 지역이 되었고, 개발 시기에는 보림극장과 신발 공장이 번성하면서 할매국밥 인근은 거점 지역으로 성장했다. 그 후 신발 제조 경기가 퇴조하고 부산의 발전이 지연되면서 오히려 할매국밥은 토지와 건물을 지켜낼 수 있지 않았을까 생각한다. 만약 투기 바람이 불고 개발 광풍이 불었다면 한 그릇에 몇천 원 하는 국밥집이 지속될 수 있었을지 장담할 수 없다. 어쨌든 할매국밥은 부산에 가면 꼭 한 번 들러봐야 할 곳이다. 위치가 애매하고, 외지의 젊은이들(인터넷을 보고 찾아오는 이들)에게는 친숙하지 않은 듯하지만, 일부러 찾아가서 먹어봐야 하는 수준의 집이다. 뼈를 거의 쓰지 않고 고기만으로 감칠맛 나게 끓여내는 이 집 국밥은 나주국밥과 서울 장국밥과 같은 계열(넓게 보면 냉면 육수와도 같은)로 볼 수 있다. 이는 한국인의 음식

문화에서 첫손가락으로 꼽히는 국밥 문화의 중요한 열쇠가 되는 음식이기도 하다. 개업했던 '할매'는 돌아가셨지만, 며느리도 이제 할매가 되어 여전히 진짜 국밥을 끓인다. 특별히 이 집의 토렴은 기술적인 가치가 있다. "할매! 내 곧 찾아가께요. 국밥 주이소!"

할매국밥과 함께 서면의 명물 마라톤집을 빼놓을 수 없다. 2세 경영의 모범이 될 수 있는 집이다. 아들과 며느리가 물려받아 운영하는데, 손맛과 분위기를 지켜가려는 의지가 강고하다. 과거와 다른 세대의 손님을 맞아 노포가 전통을 지켜가면서 어떻게 대응해갈지의 한 전범을 보여준다고 하겠다. 물론 음식 맛도 최고다. 만약 부산에 부산만의 민속박물관이 세워진다면, 반드시 한 공간을 장식할 요소가 가득한 집이다. 전쟁과 피란, 근대화로 이어지는 격동기를 이 집처럼 몇 가지 메뉴에 생생하게 반영한, 살아 있는 역사의 장이 또 어디 있겠는가. 그래서 마라톤집은 그냥 그대로 한 역사이고, 우리 아버지 세대의 살아 있는 화석이 된다. 초저녁에 일찍 가서 1층 바에 앉아 어묵탕에 소주를 걸치면서 이 집 주인이 마라톤과 재건을 만드는 걸 보시라. 만약 아버지가 살아 계시다면 꼭 모시고 가봐야 할 집이다.

대구로 넘어가면 상주식당을 거론해야겠다. 음식 맛도 맛이지만, 필자는 이 집 주인의 완벽한 서비스와 운영을 말하고 싶다. 직원들을 지휘하는 능력, 손님에 대한 접객 태도가 한 전범을 이

룬다. 프로라면 이것이 진정 프로라고 외치고 싶은 심정이다. 티 한 점 없는 가게 구석구석과 예쁘게 진열되어 있는 입구의 배추 잎을 보는 것은 덤이다. 상주식당과 함께 대구에서 살아남은 '차이나타운'을 들러 화교풍의 진짜 만두와 야끼우동(일종의 볶음짬뽕)을 먹어보는 투어는 대구 방문객들에게 매우 인기 있는 아이템이다.

노포의 기준은 따로 정해놓지 않았으나 우리 실정에서 대략 50년가량이면 그렇게 부를 수 있겠다. 세월이 흐르면서 새로운 노포들이 속속 생겨날 것이다. 그런 집들을 애정 어린 마음으로 응원해주기 바란다. 또한 이미 세월을 쌓은 노포들이 진짜 '백년식당'이 되는 날까지 지지를 보내주기 바란다.

추천의 글

'노포'라는 단어만 들어도 가슴이 따뜻해지는 이유는 나의 어린 시절의 추억과 그곳에서 함께한 사람들을 떠올리게 하기 때문이다. 그 시절 절절한 사연을 안고 시작한 밥집들이 있었다. 그러나 전쟁과 분단, 격동의 현대사 속에서 우리는 이들을 지키지 못했다. 이제야 식문화에 대한 사람들의 관점이 바뀌기 시작했다. 대를 이어 고유의 맛을 유지해온 노포에 대한 경외감도 갖게 됐다. 그러나 여전히 50년 된 가게도 찾기 힘든 상황이다. 저자는 이런 상황 속에서도 '백년식당'을 향해 가는 노포를 일일이 찾아다녔다. 10년에 걸쳐 각 가게가 지닌 개성과 철학을 기록한 것에 먼저 박수를 보낸다.

노포는 긴 세월 동안 변함없이 기본에 충실했던 곳이자 '자기다움'을 구현해 압도적인 차별화를 이뤄낸 곳이다. 나는 이것이 어떤 마케팅 기술과도 비교할 수 없는, 세월의 내공이 만든 브랜딩의 정점이라 생각한다. 그런 이유로 이 책에 소개된 주인들의 안목과 통찰은 우리에게 더없이 좋은 마케팅의 교과서다.

_노희영(식음연구소 대표, 《노희영의 브랜딩 법칙》 저자)

대략 20년 남짓 수많은 식당을 찾아다녔다. 20대가 열광하는 세련된 맛집부터 꾀죄죄하고 허름한 노포까지, 심지어 해외 여러 나라의 꽤 유명한 레스토랑도 섭렵했다. 수천 미터 고원지대부터 수백 미터 심해까지, 엄청난 식재료를 맛보는 영광도 누렸다. 맛은 한 접시에 담긴 우주인데, 그 우주는 어떤 원리로 작동하는지 알고 싶었다. 늘 먹는 건데 무엇이 대단하랴 싶겠지만, 사실 파고들면 우리 삶을 추동하는 건 한 접시의 우주였다. 한 가지는 확실히 깨달았다. 천재 요리사도 따라 할 수 없는 맛이 있다는 걸. 그건 바로 '시간의 맛'이었다. 수십 년이 쌓이고 쌓인 맛. 그 맛이 촘촘히 박힌 식당이 노포다. '빨리빨리'를 외치는 한국에선 더 귀한 맛이다. 음식문화기자로서 단언하건대, 그 맛을 창조한 이들을 만나는 건 쉬운 일이 아니다. 그들의 얘기를 듣는 건 더 어렵다. 그런 점에서 이 책은 보물이다. 가치를 따질 수 없는 기록물이다. 이 책을 선택하는 이, 우리 음식문화의 진짜 파수꾼이다.

_**박미향**(<한겨레> 문화부 ESC 팀장, 음식문화기자)

한국 F&B 신에서 '박찬일 셰프'만큼 상징적인 이름을 찾기란 쉽지 않을 것이다. 매거진 에디터로(그렇다. 그는 나에게 있어 업계 대선배이기도 하다) 일하다 훌쩍 이탈리아 유학길에 오른 선구자적 마인드, 한국에서는 기준조차 세워져 있지 않던 이탈리안 요리의 핵심을 설파한 전문성, 여기에 한국의 전통 음식에 대한 끊임없는 관심과 탐구. 단언컨대 요즘 MZ세대를 중심으로 폭발적인 관심을 불러일으키고 있는 노포에 대한 관심도 박찬일 셰프의 선구적인 연구와 관심에 크게 빚지고 있을 것이다. 〈아레나〉 편집장 시절, 박찬일 셰프가 매달 노포를 찾아 탐구한 결과물을 칼럼으로 실으며, 가장 먼저 그 탁월한 옥고를 접하며 느꼈던 감동이 아직도 또렷하다. 지난 10년간 이어온 '노포 탐사 프로젝트'가 향후 10년, 아니 그 이상 계속 이어지기를 바라는 마음 간절하다.

_박지호(영감의 서재 대표, 대림문화재단 이사)

사람들에게 꾸준히 사랑받는 오래된 브랜드들의 공통점은 세 가지가 있다. 첫째, 자기다움(업의 본질)을 지키고 둘째, 시대에 맞게 변화를 수용할 줄 알며 셋째, 생명력 있게 꾸준히 행동하고 나아간다. 대한민국에서 오래된 브랜드를 말하라면 노포를 빼놓을 수 없다. 이 책은 대한민국에서 수십 년을 버틴 오래된 식당, 20개 노포의 이야기를 담았다. 이 노포들은 폭넓은 세대에게 사랑받았다는 '시간의 증명'을 보여준다. 이러한 오래된 가게들(브랜드)의 이야기를 구체적으로 들을 수 있는 것은 마케터들에겐 큰 행운이다. 어떻게 오랫동안 사랑받을 수 있었는지, 맛의 비결은 무엇인지, 일하는 직원들과의 관계는 어떤지, 수십 년에 걸쳐 다양한 위기들을 어떻게 헤쳐나갔는지 궁금하지 않은가? 이 책은 단순히 오래된 식당을 소개하는 책이 아니다. 마케팅 전략서이자 브랜딩 교과서다. 오랫동안 사랑받는 브랜드의 비결을 꼭 알아가기를 바란다.

_이승희(마케터, 《기록의 쓸모》 저자)

내가 백년식당에서 배운 것들

세월과 내공이 빚은 오리진의 힘

초판 1쇄 2021년 2월 8일

글 | 박찬일
사진 | 노중훈
기획 | CASA LIBRO

발행인 | 문태진
본부장 | 서금선
책임편집 | 김다혜 편집2팀 | 김예원 정다이 김다혜
디자인 | [★]규 교정 | 서영의

기획편집팀 | 이정아 박은영 오민정 허문선 송현경 박지영 저작권팀 | 정선주
마케팅팀 | 김동준 이재성 문무현 김혜민 김은지 정지연 디자인팀 | 김현철
경영지원팀 | 노강희 윤현성 정헌준 조샘 최지은 김기현
강연팀 | 장진항 조은빛 강유정 신유리

펴낸곳 | ㈜인플루엔셜
출판신고 | 2012년 5월 18일 제300-2012-1043호
주소 | (06040) 서울특별시 강남구 도산대로 156 제이콘텐트리빌딩 7층
전화 | 02)720-1034(기획편집) 02)720-1024(마케팅) 02)720-1042(강연섭외)
팩스 | 02)720-1043
전자우편 | books@influential.co.kr
홈페이지 | www.influential.co.kr

ISBN 979-11-91056-42-6 (03320)